Rotterdam
Bas Princen

Peripheral pilgrimages
Christophe Van Gerrewey

Witte de With Publishers

Rotterdam
Bas Princen

Perifere pelgrimages
Christophe Van Gerrewey

Witte de With Uitgevers

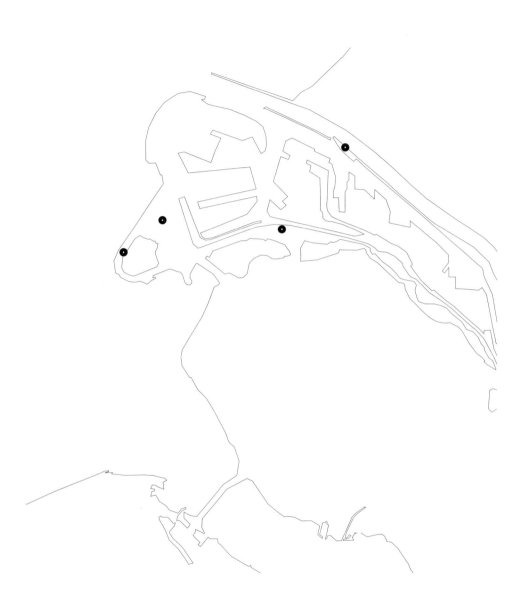

5

6

Peripheral pilgrimages

Our relationship with history is invariably a relationship with images that are prefabricated, engraved in our minds, on which we gaze continually, while reality lies somewhere else entirely, in a place no human has yet discovered. — W.G. Sebald

I had not spent a night in Rotterdam in eight years. That was to change after the mild summer of 2007, when I lived for a few months in Brussels, in a spacious, empty, glass-encased flat on the Saincteletteplein, offered to me by friends who were staying abroad.

It is a question I have asked myself before: can we attach any importance to the place where we happen to find ourselves? Tired, slightly desperate and a bit lazy, I was convinced that a change of scene would be good for me. In Brussels I would finally be able to make a decent start on those plans I had been carrying around like a burden for the past years.

My enthusiasm for working experienced no more than a brief flicker. It was the newness of the apartment; the white walls and unwashed windows; the scant personal possessions; the battery of sounds emanating from within the bowels of the building; the strange scents that rose from the polished parquet floor; the view out from the ninth storey across a cloudy sky that almost invariably turned to purple at dusk, blending with the neon lights

Perifere pelgrimages

Onze bemoeienis met de geschiedenis is een bemoeienis met beelden die altijd al geprefabriceerd zijn, gegraveerd binnen in ons hoofd, waarnaar wij voortdurend staren terwijl de waarheid heel ergens anders ligt, in een gebied dat nog door geen mens is ontdekt. – W.G. Sebald

Het was acht jaar geleden dat ik in Rotterdam overnacht had. Dat begon te veranderen toen ik in de zachte zomer van 2007 enkele maanden in Brussel woonde, in een ruim, leegstaand en met glas omgeven appartement aan het Saincteletteplein, dat mij was aangeboden door vrienden die in het buitenland verbleven.

Ik heb het me al eerder afgevraagd: is de plaats waar wij ons bevinden van belang? Moe, enigszins wanhopig, en een beetje lui, was ik ervan overtuigd dat een verandering van omgeving mij goed zou doen. Eindelijk zou ik in Brussel een flink begin maken met de plannen waarmee ik mezelf de laatste jaren had opgezadeld.

Meer dan een opflakkering kende mijn werklust niet. Het was de nieuwheid van het appartement; de witte wanden en ongelapte ramen; de schaarse persoonlijke bezittingen; het arsenaal aan geluiden dat uit de ingewanden van het gebouw tevoorschijn kwam; de vreemde geuren die uit de met boenwas doortrokken parketvloer opstegen; het zicht vanaf de negende verdieping op de wolkenhemel die zich rond valavond telkens paars mengde met de Brusselse neonverlichting en de smog; de enige afbeelding die

of Brussels and with the smog; the only image I found within the apartment: a photo of a massive building with gigantic features that somehow fell mostly outside the frame and that, when I abstracted the sidewalk, resembled the wooden head of a toy hammer – all these phenomena joined for a moment like strict taskmasters in putting me to work. And then the moment was over, familiarity setting in and inuring the imagination, like a skilled interior designer who stops looking for inner truths. I had become accustomed to my environment, and she to me; we were past the stage of awkwardness and were free to be ourselves, like two lovers who no longer aim to impress and lapse, when in one another's company, into the habits of bachelor years. So I stared outside, for hours, until staring no longer sufficed, until I wanted to experience the things outside from up close. There, in the straight streets of the northern corner of the Brussels pentagon, my work grew to greater proportions. Because plans capture our attention most just before they dissipate – true – but also because I was receiving a constant flow of questions, schemes, insights and ideas by seeing people, catching snippets of conversations, weaving between cars, hearing birds and feeling the unexpected touch of cold.

No, in my mind the events of that summer are clear. If I had not met Rudolf Max, unexpected as a dream to which your thoughts return longingly all during the day you wakened from it, who set me on the trail of Dirk de Dam, then I would have had to find some other way out.

That evening I paid a visit to a couple who were friends

ik in het appartement aantrof: een foto van een massief gebouw, dat ondanks gigantische trekken grotendeels buiten beeld viel, en, als ik een abstractie maakte van het voetpad, op de houten kop van een speelgoedhamer leek; het waren al die fenomenen die me als strenge werkgevers kort tot werk brachten. Daarna was het voorbij, net als het werk van de gewenning en de verbeelding, als een handige binnenhuisarchitect opgehouden met het zoeken naar inwendige waarheid. Ik was vertrouwd geworden met mijn omgeving, en zij met mij, en wij hoefden ons niet langer voor elkaar te schamen, maar konden onszelf zijn, als twee geliefden die geen indruk meer proberen te maken, en zich ook in elkaars bijzijn overleveren aan de gewoontes die ze nog kennen uit hun vrijgezellenjaren.

Dus keek ik naar buiten, urenlang, totdat het kijken niet meer volstond, en ik wat zich buiten bevond van dichtbij wou ervaren. Daar, in de rechte straten van het noordelijke deel van de Brusselse vijfhoek, nam mijn werk nog in omvang toe. Natuurlijk omdat plannen voor ze verdwijnen meer aandacht vragen, maar ook omdat ik aan de lopende band vragen, schema's, invallen en ideeën kreeg aangereikt door mensen te zien, gespreksflarden op te vangen, auto's te kruisen, vogels te horen en de onverwachte koude te voelen.

Nee, ik zie de dingen in die zomer scherp. Als ik niet, onverwacht als een droom waar je met heimwee aan terugdenkt tijdens de dag die op het ontwaken volgt, Rudolf Max had ontmoet, en door hem op het spoor van Dirk de Dam was gebracht, dan had ik op een andere manier een uitweg moeten vinden.

Die avond bracht ik een bezoek aan een bevriend echtpaar

of mine and had just had a baby. The child was gorgeous. It had stunning blue eyes that it showed only very sparingly, as if it were aware of their effect and wanted to hold their benefit in reserve for the life to come. The infant's detailed, miniscule hands stood in sharp contrast with the rest of the sketchily drafted body, a body that would find itself subject to fantastical changes. The absurd idea that one could live without making this possible, without being responsible for another life, surged violently over me. This feeling, paradoxically, made me forget to congratulate the parents.

Long before midnight I returned home. The lift ride down passed the seven storeys like a light sigh. That the old-fashioned, lattice-work lift doors refused to budge upon reaching the ground floor, no matter how hard I pushed, astonished me. Since the door was not that of the lift cage, but of the storey, I thought I would try getting out on the first floor, and so pressed the purple-colored button with a '1' printed on it. Halfway between the ground level and the first floor the lift stopped, suspended, without a jolt, without effect, without forewarning. I felt no fear. Perhaps I was even happy to be trapped at the feet of all that domestic bliss.

However, I could hardly stay there. My bent index finger poised over the red emergency button, but then I realized that I must avoid making any noise: I would wake mother and child, never mind that their flat was six and a half storeys above my head. I could only imagine what tortured racket might be created were I to sound the alarm. A single cry in the night could be enough to ruin theirs.

dat net een baby had gekregen. Het kind was prachtig. Het had overweldigend blauwe ogen, die het nog slechts zeer zelden toonde, alsof het op de hoogte was van hun effect en hen wou sparen ten voordele van het leven dat voor de deur stond. De gedetailleerde, minuscule handen van de pasgeborene stonden daarmee in scherp contrast, net als met de rest van het schetsmatige lichaam, dat het onderwerp zou worden van magische wijzigingen. Het absurde idee dat het mogelijk was om te leven zonder dit mogelijk te maken, zonder voor een ander leven verantwoordelijk te zijn, overspoelde mij met een nietsontziende hevigheid. Paradoxaal genoeg vergat ik daardoor de ouders te feliciteren.

Ik ging ruim voor middernacht naar huis. In de lift naar beneden passeerden de zeven verdiepingen als een lichte zucht. Dat de ouderwetse, uit tralies bestaande liftdeur op de begane grond niet meegaf, hoe hard ik ook duwde, kwam zeer onverwacht. Omdat de deur bij de verdieping hoorde, en niet bij de liftkooi, wou ik proberen om uit te stappen op de eerste verdieping, en drukte dus op de paarskleurige knop waarop '1' stond geschreven. Halverwege de begane grond en de eerste verdieping bleef de lift hangen, zonder schok, zonder gevolg, zonder aankondiging. Ik werd niet bang. Misschien was ik wel blij, om opgesloten te worden aan de voet van al dat huiselijke geluk.

Toch kon ik daar niet blijven. Mijn gekromde wijsvinger ging boven het rode alarmknopje hangen, totdat ik besefte dat ik geen lawaai mocht maken: ik zou moeder en kind wakker maken, weliswaar in het appartement zes-en-een-halve verdieping boven mijn hoofd, maar wist ik veel welke vreselijke geluiden tevoorschijn

It was at this point that the lift and hallway lights went out, as though my deliberation time was up. Light from the street shone into the hall in reticent orange, pulsing calmly, joined by the whir of a passing car. I had nearly fallen asleep against the back wall of the lift when the hall light turned back on with a dull, irritating click. It took an effort not to raise an admonishing finger to my lips and whisper ssssttt! But I said nothing, my heart thumping, and then heard someone descending the silent stairwell. The footsteps grew louder, their rhythm changing, unsteady as the sound of a helicopter slowing to land, rebounding off the angular spiral staircase steps like a marble, circling down around the lift shaft. And so Rudolf Max appeared before me – and managed to open the ground level door with a few laconic turns. There was a crack, as wide as it was high, through which I could lever myself down into the hallway. Perhaps it was that I wanted to further delay my return home; perhaps it was that I read, in his fanned-out hair, stiff as copper wire, signs of the adventure he could offer; perhaps I owed him a chat, at least, in thanks. I pointed in the direction of my flat and it was near there that we found an outdoor terrace, though it was no longer warm and the promise of rain hung in the pitch black sky.

I was – Rudolf answered when asked what had brought him to that apartment building, and upon listening to me tell of having gone to see the new baby – I was visiting Mrs Sauvageot, a woman well into her eighties whom I have made great efforts to find her in Brussels. All her life she has lived in the same flat, with the exception of a few months in 2005 that she was forced,

zouden komen als ik mijn nood kenbaar maakte. Eén gerucht kon voldoende zijn om hun nacht te verpesten.

Het licht in de gang en in de lift viel uit, alsof mijn bedenktijd verstreken was. Door de hal drong er licht van op straat naar binnen, bedeesd oranje, kalm pulserend samen met het ruisende geluid van een voorbijrijdende auto. Bijna was ik, tegen de achterwand van de lift onderuitgezakt, toen het licht op de gang weer in werking trad, met een dof klikgeluid. Ik moest moeite doen om niet vermanend, met gestrekte wijsvinger voor de lippen, ssssttt! te fluisteren. Maar ik zweeg, met kloppend hart, en hoorde dat er in de stille traphal iemand naar beneden kwam. Voetstappen werden luider, veranderden van ritme, slingerden rond als het geluid van een langzaam landende helikopter, botsten als een knikker de hoekige spiraaltrap af, rond de liftkoker naar beneden. Zo kwam het dat Rudolf Max voor mij kwam staan – en dat hij er in slaagde om de deur op het gelijkvloers laconiek open te draaien. Er ontstond een opening, even breed als hoog, waardoor ik me tot op de gang kon laten zakken. Misschien wou ik mijn thuiskomst nog verder uitstellen; misschien zag ik zijn uitwaaierende haren, stug als koperdraad, als tekens van het avontuur dat hij te bieden had; misschien was ik hem toch minstens een gesprek verschuldigd, als dankbetuiging. Ik wees in de richting van mijn woonplaats, en het was ook daar in de buurt dat wij op een terras belandden, in de open lucht, hoewel het niet warm meer was en er overduidelijk regen in de gitzwarte hemel hing.

Ik was, zei Rudolf toen ik hem vroeg wat hem in dat appartementsgebouw had gebracht, nadat ik had verteld over mijn

thanks to her only son, to spend in Rotterdam. His career had brought him to settle in the Netherlands years before, and he could no longer stand the thought that his mother, whom he perceived as waiting out her final months in a state of dependency and loneliness, was living in Brussels by herself. He therefore found her a place, much against her will, in a rest home in Rotterdam. It consisted of several blocks, five storeys high, scattered around a faded green stretch of grass with silver birches whose crowns rose high above the buildings, their pale pink outer walls all but dissolving in the polluted sky. Mrs Sauvageot began planning ways to escape from day one, aided by an eccentric who wandered the rest house grounds around sundown, and who had already been sent away on several previous occasions on suspicion of either gerophile or kleptomanic intentions, or both. She let him into her two-room flat, convinced that he would prove useful. Nothing she did in those days did not serve the higher purpose of her return to her Brussels apartment. The man, with whom she had long conversations that branched out in every direction and often were interrupted by mirth or strange but detailed daydreams, would sag deep in the sofa that became his bed, but not before taking Mrs Sauvageot's daily medicine cocktail as delivered by the nursing staff – which she usually flushed carelessly down the toilet – downing it with a few glasses of water. He did not seem to sleep all that deeply, as he would disappear, unnoticed, before daybreak.

It was thanks to him, said Rudolf, that Mrs Sauvageot managed to return to Brussels, though once there she found new

kraambezoek – ik was te gast bij mevrouw Sauvageot, een vrouw van ver in de tachtig die ik na veel moeite heb kunnen terugvinden, en dan nog wel hier in Brussel. Ze heeft haar hele leven in die flat gewoond, met uitzondering van de enkele maanden in 2005 die ze noodgedwongen, daartoe verplicht door haar enige zoon, in Rotterdam heeft doorgebracht. Hij was jaren terug om professionele redenen naar Nederland uitgeweken, en kon het niet langer verdragen dat zijn moeder, die in zijn ogen hulpbehoevend en vereenzaamd haar laatste maanden sleet, helemaal alleen in Brussel verbleef. Dus had hij haar, sterk tegen haar zin, laten plaatsen in een rusthuis in de rand rond Rotterdam. Het bestaat uit blokken van vijf verdiepingen hoog, verspreid over een vaalgroen grasveld, met zilverberken waarvan de kruinen veel hoger reiken dan de bebouwing, en waarvan de zachtroze buitenmuren bijna oplossen in de verontreinigde hemel. Mevrouw Sauvageot begon vanaf dag één ontsnappingspogingen te beramen, geholpen door een zonderling die bij valavond rond het bejaardentehuis liep, en die al enkele keren was weggestuurd omdat men hem van gerofiele of kleptomane neigingen verdacht, of van een combinatie van beide. Zij liet hem toe op haar tweekamerflat, in de overtuiging dat hij van pas kon komen. Er was niets dat ze in die dagen deed, dat niet in het teken stond van haar terugkeer naar haar Brusselse appartement. De man, met wie ze lange, in alle richtingen uitlopende en vaak door gelach en raadselachtige maar gedetailleerde verbeeldingen onderbroken gesprekken voerde, liet zich op haar sofa onderuit zakken, met het oog op de nacht, echter niet zonder eerst de medicijnencocktail die het verplegend personeel dagelijks voor

occupants in her flat. She used a huge sum of money to get them to leave immediately. She lives there still. The attempted escapes and the brief stay in Rotterdam had made such a deep impression on her, however, that her motor function had deteriorated. Now, though her mind remained sharp, she rarely left the house.

The escape went as follows. Every night a nurse patrolled the corridors of the rest house, keeping a constant lookout, via peepholes into the rooms, to ensure that residents were actually in bed. On a certain night, the eccentric settled himself in her bed and Mrs Sauvageot escaped along the balcony. She took a taxi to Brussels. That morning, to her horror, the nurse discovered a man in Mrs Sauvageot's bed. As soon as she went to wake him, he jumped up and out via the balcony. As the nurse recounted, he walked across the grass park, shrouded in dew, like the escaped Indian at the close of the film *One flew over the cuckoo's nest*. Slowly but surely, he moved towards the smoke-stack fogged horizon. That man, said Rudolf, that man was Dirk de Dam.

—

Meanwhile it was well passed midnight on a terrace at the north end of downtown Brussels, where I had been listening to Rudolf. He had been at school with Dirk de Dam, and they had stayed in touch.

Since his teen years, Dirk de Dam had been called 'ddd', phonetically after his initials. His nickname was pronounced in the way of a ttt said in rebuke, by pulling the tip of your tongue

mevrouw Sauvageot neerzette, maar die zij gewoonlijk achteloos door het toilet spoelde, met enkele glazen water naar binnen te slikken. Vast slapen deed hij niet, want nog voor de dageraad verdween hij weer, onopgemerkt.

Het is door hem, zei Rudolf, dat mevrouw Sauvageot naar Brussel is teruggekeerd, waar ze in haar appartement nieuwe bewoners aantrof. Die heeft ze met een ontzaglijke som geld overgehaald om ogenblikkelijk weer te vertrekken. Ze woont er nog steeds. Maar omdat de ontsnappingspogingen en het korte verblijf in Rotterdam haar zodanig hebben aangegrepen, is haar motoriek sterk vertraagd en komt ze, hoewel zeer scherp van geest, nog nauwelijks naar buiten.

Die ontsnapping verliep als volgt. Elke nacht patrouilleerde er een verpleegster door de gangen van het rusthuis, die telkens door een naar binnen gericht spionnetje het interieur van de kamers in het oog hield, en controleerde of de bewoners in bed lagen. Op een nacht is die vreemdeling in haar bed gaan liggen en is mevrouw Sauvageot langs het balkon ontsnapt. Met een taxi is ze naar Brussel vertrokken. 's Ochtends trof de verpleegster van dienst tot haar afgrijzen een man aan in het bed van mevrouw Sauvageot, die vlak nadat ze hem had proberen wakker te maken, opstond en langs het balkon naar buiten sprong. Hij liep over het grasveld, waar nog ochtendnevel hing, net zoals de ontsnapte indiaan op het einde van de film, *One flew over the cuckoo's nest*, zo vertelde de verpleegster. Traag maar effectief, de horizon vol rokende schoorstenen tegemoet. Die man, zei Rudolf, die man was Dirk de Dam.

back from behind your front teeth, but in this case by letting your tongue fall down heavily from the arched height of your palate, three times in rapid succession. The contact with ddd had petered out two or three years prior. His trail went cold in the Netherlands, in Rotterdam, where ddd had settled with his childhood sweetheart Sarah West, whom Rudolf had gotten to know very well and in various ways during his youth, though never in person. He had even received a card with dark trees and greenery shooting up high, between and behind which two high apartment blocks were visible. *Greetings from Rotterdam*, was what she had written on the back, in handwriting that was exceptionally sharp and angular for a woman, and signed: ddd and Sarah. That postcard was postmarked 10 September 2004 and was the last Rudolf heard from them.

A year later, he said, I went to Rotterdam for the first time, naturally not without first questioning family members. Easier said than done, it turned out: ddd, not the most easygoing of men, had broken off contact with his parents several years before. Sarah had turned back home unexpectedly in the winter of 2004, according to her eldest sister, only to leave for the United States – for Ohio – a few days later, where she had family and lives to this day. I corresponded with her also, but she insisted repeatedly that she had left their shared central Rotterdam apartment 'due to circumstances', and that she had heard nothing from ddd since. I have no reason to doubt her, Rudolf said.

I am one of those people, he continued, who are unable to underpin their own activities. Of all the things I have done in

—

Het was diep in de nacht ondertussen, op het terras in het noorden van het centrum van Brussel, waar ik naar Rudolf had geluisterd. Hij was samen met Dirk de Dam naar school geweest en had het contact met hem in stand gehouden.

Dirk de Dam werd al sinds zijn tienerjaren 'ddd' genoemd, fonetisch naar zijn initialen. Zijn bijnaam klonk zoals wanneer je berispend ttt zegt, door het puntje van je tong van achter je voortanden uit weg te halen, maar in dit geval door je tong zwaar, van op grote hoogte, vanaf het gehemelte, naar beneden te laten vallen, drie keer kort na elkaar. Het contact met ddd was echter twee, drie jaar geleden stukgelopen. Het spoor hield op in Nederland, in Rotterdam, waar ddd zich gevestigd had samen met zijn jeugdliefde Sarah West, die Rudolf in gedachten erg goed en op verschillende wijzen op jeugdige leeftijd had leren kennen. Hij had van haar nog een kaartje gekregen met donkere bomen en hoog opschietend groen, waartussen en waarachter twee hoge flatgebouwen zichtbaar waren. *Groeten uit Rotterdam* had ze op de achterkant geschreven in haar, voor een vrouw, opvallend scherpe en hoekige handschrift – ondertekend: ddd en Sarah. Dat ansicht droeg als poststempel 10 september 2004, en het was meteen ook het laatste dat Rudolf van hen had vernomen.

Ik ben, zei hij, een jaar later voor het eerst naar Rotterdam vertrokken, natuurlijk niet zonder navraag te doen bij de familieleden. Dat bleek moeilijker dan verwacht: ddd had, niet erg meegaand van aard, al jaren terug elk contact met zijn ouders verbro-

my life, there is nothing that, ultimately, I cannot view as pointless, self-serving, egotistical or eccentric. Never have I felt more driven or even happier than during those initial weeks of my investigation of ddd. I remember my train arriving in Rotterdam Central Station, beneath the bright, low-hanging springtime sun, and seeing the gleaming high-rises like a succession of uneven and restless porters milling around the entrance to the city. There was only one place in the centre that, for me, was linked to ddd, which was the place where he lived, then still with Sarah, on that single occasion when I visited them in Rotterdam; the only occasion, let us say, of material – of course immaterial by now – proof of life and health. At that time they still lived in the southern part of the city. I visited each place they had lived; or rather, I stood on each street and looked at all those apartments, studio flats, houses and rooms, crisscrossing the soaring centre of Rotterdam – a city that no sane person can envision growing old, whose corners still seem to be shedding shreds of packing paper, a city that cannot be plumbed and is slightly frightening. I have often wondered what happens to those plans we make for ourselves that come to nothing: what happens to romances and their shining dreams for the future when they are nipped in the bud; to the countless one-person artistic projects that never grow beyond a sketch or an idea; to the hundreds of job interviews, market studies, questionnaires, preparatory plans, the research probes and soundings that lead to nothing. Rotterdam, in a certain sense, embodies the answer to these questions, since no matter what is done, it always seems to retain the look of the

ken, en Sarah was, zo vertelde haar oudste zus, in de winter van 2004 onverwacht naar huis teruggekeerd, om enkele dagen later alweer te vertrekken naar de Verenigde Staten, naar Ohio, waar ze familie had wonen en waar ze nu nog steeds verblijft. Ook met haar heb ik gecorrespondeerd, maar ze bleef bij herhaling benadrukken dat ze 'door omstandigheden' hun toenmalige appartement in het centrum van Rotterdam had verlaten, en dat ze sindsdien ook niets meer van ddd had vernomen. Ik heb, zo zei Rudolf, geen redenen om aan haar woorden te twijfelen.

Ik ben een van die mensen, ging hij verder, die hun bezigheden niet op eigen kracht kunnen funderen. Van alle dingen die ik in mijn leven heb gedaan, is er niets geweest dat ik uiteindelijk niet als zinledig, zelfbevredigend, egoïstisch of zonderling heb moeten beschouwen. Ik heb me nooit gedrevener en zelfs gelukkiger gevoeld als tijdens die eerste weken van mijn onderzoek naar ddd. Ik herinner me hoe ik, onder een lichte, laag hangende lentezon, met de trein arriveerde in Rotterdam Centraal, en de glimmende hoogbouw als een reeks ongelijkmatige en onrustig rondschuifelende portiers voor de ingang van de stad zag samendrommen. Er was maar één plek in de binnenstad die ik met ddd verbond, en dat was de plek waar hij woonde, toen nog samen met Sarah, tijdens de enige keer dat ik hen in Rotterdam heb bezocht – de enige keer, laten we zeggen, bij achterhaalbaar maar nu inderdaad achterhaald leven en welzijn. Op dat moment woonden ze nog in het zuiden van de stad. Ik heb alle plaatsen waar ze gewoond hebben bezocht, of ik heb althans vanaf de straat naar de ramen van al die flats, studio's, huizen en kamers staan kijken,

plan, the project and the good intention – because it is a city that only keeps getting newer.

So I'm not, said Rudolf, at all familiar with that city. I had left home with only one map on which I had marked each place that ddd and Sarah had lived. This meager bit of preparation turned against me once I stood in front of that last mute building from which their final card had been sent. A brief visit to the police station was no help. There was no missing persons record for any Dirk de Dam. What had he done to Sarah? What had made her decide to erase him from her life and her world? Certainly his whereabouts were under investigation, but on the explicit request of debt collectors, tax departments, parking attendants, electricity suppliers, insurance agents and estate agents. I expected to see a poster, with the words wanted: dead or alive instead of missing framing a picture of him. But I didn't find any such poster. If it had ever existed, it was plastered over with other notices by now. Missing persons cases are *out*, the policeman tried to tell me. What we mainly have to deal with now are so-called *surfacing persons cases*: people emerging from out of nowhere, as it were, as though they were born as adults, without an identity, without papers, without information.

I decided to look for a hotel. The passing awareness that we can only be tourists in others' lives, watching without listening, and that this search for ddd was also not so much a true activity as it was a cynical game wherein I – just like the rest of the world – was not at all concerned with his life; this realization nearly decided me in favor of quitting and returning home.

terwijl ik de binnenstad van Rotterdam doorkruiste, waarvan geen redelijk mens zich kan inbeelden dat ze ooit oud zal worden, en waarvan er langs de hoeken altijd nog flarden inpakpapier lijken te hangen, onkenbaar en soms angstaanjagend. Ik heb me vaak afgevraagd wat er gebeurd met de persoonlijke plannen die wij maken zonder dat er wat van terechtkomt: wat er gebeurd met verliefdheden en de daaraan verbonden stralende toekomstbeelden die in de kiem gesmoord worden; met de talloze artistieke een-mansprojecten die de status van idee of schets niet ontgroeien; met de honderden sollicitatiegesprekken, marktonderzoeken, en-quêtes, voorbereidende studies, proefsonderingen of peilingen die nergens toe leiden. In zekere zin is Rotterdam de stad die het ant-woord op die vraag belichaamt, omdat het om het even is wat er gebeurt, altijd de aanblik van het plan, het project en de goede bedoelingen lijkt te blijven dragen – omdat het een stad is die al-leen maar nieuwer wordt.

Ik ben, zei Rudolf, dus helemaal niet vertrouwd met die stad. Toch was ik thuis vertrokken met slechts één plattegrond waarop ik alle woonplaatsen van ddd en Sarah had aangekruist. Die matige voorbereiding keerde zich tegen mij, nadat ik ook voor de zwijgende gevel had gestaan van het gebouw van waaruit ze het laatste kaartje hadden verstuurd. Een kort bezoek aan het politie-kantoor had niets opgeleverd. Er was nooit een zekere Dirk de Dam als vermist opgegeven. Wat had hij Sarah aangedaan? Wat had haar doen besluiten om hem uit haar leven en uit de wereld te schrappen? Er werd wel naar hem gezocht, maar dan op expliciete vraag van schuldeisers, belastingdiensten, parkeerwachters, elek-

The next day, Rudolf said, found me in better spirits. I walked around amongst the habitually imperturbable people with their dogmas and their destinations. Once again I passed an apartment where, I suspected, the first cracks had appeared in Dirk and Sarah's relationship. I saw that there was a man standing in the portico, looking disinterestedly this way and that, his glance sometimes meeting mine. Every ten to fifteen seconds he touched a hand to his large nose, then quickly pinched his fingers together and pulled them back in a dragging motion, as though someone were successively cracking eggs between his eyes, and he were calmly pulling away the contents like a curtain.

I couldn't help watching him with fascination. At that moment there must have been hundreds if not thousands of people to watch amidst all those flooding Rotterdam – I chose this young man. After a while, he crossed the street and stopped in front of me. Can I help you, he asked quite amicably, his interest now genuinely piqued, it seemed. In a moment of naive honesty I told him the truth. I even showed him a photo of ddd. Don't know him, he said, even as he continued the ritual with his nose. It turned out that the man was indeed residing in one of the last places where Dirk and Sarah had lived. He and ten other laborers were housed there while doing a job on a nearby dockyard. As the group's lone non-smoker, with his colleagues upstairs just starting on their first collective morning cigarette, he had come to stand outside. Was it possible, I ventured, that there might be mail for my friend? The man accompanied me into the portico. We were confronted by a battery of letterboxes, and discovered

triciteitsmaatschappijen, verzekeringsagenten en makelaars. Ik verwachtte een affiche te zien hangen, met wanted: dead or alive in plaats van met missing boven zijn beeltenis. Maar dat affiche zag ik niet. Als ze al had bestaan, dan was ze nu overplakt met andere berichten. Verdwijningszaken zijn *out*, probeerde de politieman mij te woord te staan. Waar wij ons nu vooral mee bezig moeten houden, zijn zogenaamde *opduikingszaken*: mensen die uit het niets te voorschijn komen, alsof ze op volwassen leeftijd geboren worden, zonder identiteit, zonder papieren, zonder informatie.

Ik besloot een hotel op te zoeken. Het tijdelijke besef dat wij altijd toeristen zijn in andermans leven, kijkers zonder te luisteren, en dat ook deze zoektocht naar ddd geen echte bezigheid genoemd kon worden, als wel een cynisch spelletje, waarbij ik – net als de rest van de wereld – me totaal niet bekommerde om zijn leven – dat besef deed me bijna besluiten om er een eind aan te maken, en om naar huis te gaan.

De volgende dag, zei Rudolf, was mijn humeur beter. Ik liep rond tussen de vast weer onverstoorbare mensen met hun overtuigingen en bestemmingen. Ik passeerde opnieuw een appartement, waar, naar ik vermoedde, de eerste barsten in de relatie tussen Dirk en Sarah waren opgetreden. Ik zag dat er een man in het portiek stond die zonder veel interesse heen en weer keek, en daarbij nu en dan zijn ogen ook op mij richtte. Om de tien- of vijftien seconden raakte hij met zijn rechterhand zijn grote neus aan en kneep dan snel zijn vingers bij elkaar, om ze in een zuigende beweging weer weg te trekken, alsof iemand bij herhaling een ei

that the lock on the box for Dirk's flat, or that of the builders, had been removed with a circular saw. The flats door stood perpetually ajar. Inside, alongside a stack of yellowed newspapers, was propped a photograph of a gigantic yet very spare scaffold positioned against a building under construction. Know him, the man said. Brother was working there. Is there. There! His right arm and index finger stretched towards the south, piercing the air and then making a rapid return to his nose. Lots of work there, he said, outside the city. Much better than here. Much better.

—

It was nearly morning in Brussels by now. Rudolf Max and I had gone to sit in café Archiduc, on the first floor balcony. My tiredness had worne off – delayed, so it seemed, to return with greater force at some later date.

We said our goodbyes, though not for long. Rudolf too turned out to have a temporary residence in Brussels, and we saw one another on several more occasions, so that I was soon entirely up to date on all of his doings.

It had taken him a full day after meeting the building laborer in Rotterdam to find the dockyard pictured on the photograph. Oddly enough, the construction work had barely progressed. In fact, in places, it appeared that the outer wall had gotten shorter. The sun was already low on the horizon and it was the sky, cloud-colored, that showed through the unglazed windows.

tussen zijn ogen stuksloeg en hij onverstoorbaar het struif als een gordijn wegtrok.

Ik kon niet anders dan gefascineerd naar die man kijken. Op dat moment moeten er in het overstromende Rotterdam honderden of zelfs duizenden mensen beschikbaar geweest zijn om naar te kijken – en ik koos deze jongeman. Na verloop van tijd stak hij de straat over en kwam voor me staan. Wat kan ik voor je doen, vroeg hij opvallend vriendelijk en nu wel schijnbaar oprecht geïnteresseerd. In een vlaag van naïeve eerlijkheid zei ik hem waar het op stond. Ik toonde hem zelfs een foto van ddd. Ken ik niet, zei hij, terwijl hij het ritueel met zijn neus in gang hield. Het bleek dat de man inderdaad in een van de laatste appartementen van Dirk en Sarah verbleef, in het gezelschap van een tiental andere arbeiders, onder dak gebracht met het oog op een klus op een nabijgelegen bouwwerf. Omdat hij als enige niet rookte en omdat zijn collega's zich boven net collectief aan de eerste ochtendsigaret waagden, was hij buiten komen staan. Was het mogelijk, probeerde ik nog, dat er post voor mijn vriend was gekomen? De man vergezelde me in het portiek. We troffen een batterij brievenbussen aan en uit de bus van de flat van Dirk (of van de bouwluil), bleek het slot met een cirkelzaag verwijderd. Het deurtje stond voor eeuwig op een kier. Binnenin troffen wij naast een stapeltje vergeelde kranten, een rechtopstaande foto aan van een reusachtige maar desondanks erg ranke stelling, die zich tegen een gevel in aanbouw bevond. Ken ik, zei de man. Heeft mijn broertje nog gewerkt. Is daar. Daar! Zijn rechterarm strekte zich net als zijn wijsvinger uit naar het zuiden, de lucht in, om dan snel naar zijn neus terug te

Rudolf decided to stay here and to search for ddd in the rings around the centre of Rotterdam. He may have felt that, by finding the photo, by talking to the builder, by the variegated signals sent out by Dirk during their shared past, that it was here where he should search and would learn something. It may be, as is far more likely, that he appreciated the peace of the city's outer reaches, the images produced and the unforeseen, unexplained and unknown phenomena that effortlessly occur daily, but then in such a way that there is scarcely anyone to be seen bearing witness. Perhaps his concern for the fate of ddd, and his concern for how he had gotten so carried away, are not even as irreconcilable as I would have it here. I don't know. The point is this: I think it plausible that both Rudolf and Dirk may have asked themselves whether they *could* stay in this place, and what that could mean.

Spending the night in the suburb seemed out of the question. There was not a soul in sight. What would inspire anyone to put up a hotel? Rudolf walked until darkness had fallen; he came to a canal with no bridge to cross over the water. He could head back to the centre and stay in the same hotel as the previous night. Yet that centre repelled him now: its familiar hustle and bustle and its outpouring of sighs seemed banal. Keeping the water to his right he walked along the quay. To the left were four-storey terrace houses, all alike. Only the flower boxes on and along their thresholds dared the occasional differentiation. Few lights were on, and none of them any match for the sharp glow of the lamps anchored in the quay floor. Above

keren. Veel werk daar, zei hij, buiten de stad. Veel beter dan hier. Veel beter.

—

Het liep ondertussen in Brussel tegen de ochtend. Ik was samen met Rudolf Max in café Archiduc gaan zitten, op het balkon van de eerste verdieping. Mijn vermoeidheid had zich verplaatst – uitgesteld, zo leek het wel, om op later datum met toegenomen kracht terug te slaan.

Wij namen afscheid, maar niet voor lang. Ook Rudolf bleek tijdelijk een onderkomen in Brussel te hebben, en wij zagen elkaar nog verschillende keren terug, zodat ik al snel volledig op de hoogte was van alles wat hij ondernomen had.

Het had hem, na de ontmoeting met die bouwvakker in Rotterdam, een hele dag gekost om de op de foto afgebeelde werf terug te vinden. Merkwaardig genoeg waren de werken nauwelijks gevorderd. Het leek zelfs alsof de gevelmuur hier en daar korter was geworden. De zon stond al laag aan de hemel en het was lucht met de kleur van witte wolken die door de oningevulde ramen zichtbaar werd.

Toen heeft Rudolf besloten om ginds te blijven en op zoek te gaan naar ddd in de cirkels rond het centrum van Rotterdam. Misschien had hij het gevoel, door de vondst van de foto, door het gesprek met de bouwvakker, door de veelkleurige signalen verzonden door Dirk tijdens hun gedeeld verleden, dat het daar was dat hij moest zoeken en wijzer worden. Misschien, en veel waar-

44

the rooftops of the houses the pale fire of the moon reigned modestly.

Rudolf continued walking, and if it had not been for the sound, at that precise moment, of a dog barking deep within one of those houses, then he would have doubtless never had noted the sign in the window. Room to let, the uneven print said. No light burned here either, but Rudolf did not hesitate for an instant. A long time passed before a nightgown-clad woman opened the door. The dog traced figure-eights on the doormat at her feet. At Rudolf's explanation of what had caught his eye and what he wanted, she looked at the sign in the window as though someone had hung it up to trick her. It had been some years ago that she had hung it up, not long after coming to live here. Shortly after, her father, with whom she shared the house, no longer dared to venture outside: he suffered from the early onset of senility paired with anxiety disorder. The woman – Frieda – was therefore also compelled to stay home alone. That had meant a loss of income, and so she had put part of the house up for rent. Rudolf was the first to respond to the offer. His room, as he saw for himself after Frieda led him through the dark house, was immaculately kept. This room was to become his fixed residence when in Rotterdam.

The following morning, in the full light of day, he found a world entirely unlike that of the evening before. Towering beyond the roof of the house, in which he had spent the night, were two apartment buildings rising to at least twenty storeys in height, their colossal stature creating the impression of parents keeping

schijnlijker, kon hij de rust van de buitenstad appreciëren, de productie van beelden en van onvoorziene, onbeschreven en ongekende fenomenen die er dagelijks moeiteloos plaatsvindt, maar dan zo dat er nauwelijks mensen zichtbaar aanwezig zijn die er getuigenis van afleggen. Misschien zijn de bekommernis om het lot van ddd en de bekommernis om zijn eigen vervoering niet eens zo onverzoenbaar als ik het hier wil voorstellen. Ik weet het niet. Het gaat hierom: ik denk dat het kan dat zowel Rudolf als Dirk zich de vraag hebben gesteld of ze daar zouden *kunnen* blijven, en wat het zou kunnen betekenen.

Het leek onmogelijk om in de buitenwijk te overnachten. Er was geen mens te bekennen dus waarom zou iemand op het idee komen een hotel te bouwen? Rudolf liep tot het helemaal donker was en hij aan een kanaal kwam, zonder dat er een brug leek te zijn om het water over te steken. Hij kon terugkeren naar het centrum en slapen in hetzelfde hotel als de nacht voordien. Maar dat centrum scheen hem afschrikwekkend toe, omdat het vertrouwde gewriemel dat er plaatsvindt en het gezucht dat er uit opstijgt hem banaal leek. Met het water langs zijn rechterzijde liep hij langs de kade. Links stonden er gelijke rijhuisjes van vier verdiepingen hoog. Enkel de bloembakken op en naast de drempel durfden wel eens van elkaar te verschillen. Veel licht brandde er niet en het kon zich niet meten met het felle schijnsel van de in de kadevloer verankerde lampen. Boven de daken van de huizen heerste het bleke vuur van de maan op bescheiden wijze.

Rudolf liep verder en als er toen, diep in het interieur van een van die huizen, niet een hond had geblaft, dan was het bord

a watchful eye out to be sure that their children, whose resemblance was striking, would not tumble into the water. When he saw this, Rudolf literally started back, back all the way to the parapet along the quay, as though he were posing for a photographer who kept on urging him to take a step in reverse.

What I really need, he thought just before beginning his first full day in the periphery, are *X-ray eyes*. There should be X-ray glasses with which you could look through the wall of a building to see who or what is inside. A short metro ride later he arrived at a many-sided residential complex – an assembly of pitched roofs, flat roofs, high windows, cantilevered ceilings, emergency stairways, trimmed angles and trapezium-shaped expanses of wood. The only thing that seemed to be holding these parts together was the gleaming, almost sickly color blue that was clamped on each section of wood. Did this assemblage conceal a single large interior? Or was the building pieced into smaller spaces, wherein a vast number of people, perhaps even including ddd, had sought shelter for some unknown but perfectly legitimate reason?

The day was gray, its monotony unbroken by even a gust of wind or stray drop of rain. Rudolf hitched a ride with a lorry driver and upon getting out found himself before a collection of ball courts. Along one edge of the grounds scaffolding surrounded a new complex. It was Tuesday, but here too no one was working. The four or five people he saw on the top level of the unfinished building had their hands in their pockets and were surveying the surrounding landscape. Rudolf sat down on a bench along

voor het raam hem zonder twijfel ontgaan. kamer te huur stond er in onregelmatige drukletters op geschreven. Er brandde ook hier geen licht, maar Rudolf aarzelde geen moment. Het duurde lang voordat er een vrouw in haar nachtjapon de deur open maakte. De hond tekende tussen haar voeten achtfiguren op de deurmat. Toen Rudolf vertelde wat hij gezien had en wat hij kwam doen, keek ze naar het bordje achter het raam alsof iemand het daar geplaatst had om een grap met haar uit te halen. Enkele jaren terug had ze het daar gezet, niet lang nadat ze in het huis was komen wonen. Haar vader, met wie ze de woning deelde, durfde sindsdien niet meer buiten te komen: hij ging gebukt onder een met vroegtijdige seniliteit gepaard gaande angststoornis. Dus was de vrouw, die Frieda heette, verplicht ook vaak thuis te blijven. Omwille van de inkomstenderving die dat met zich meebracht, had ze een deel van het huis te huur gezet. Rudolf was de eerste die op het aanbod reageerde. Zijn kamer was onberispelijk, zoals hij kon vaststellen nadat Frieda hem in het donkere huis de weg had getoond. Deze kamer werd in Rotterdam zijn vaste verblijfplaats.

De volgende dag, in het volle ochtendlicht, trof hij de buitenwereld volstrekt anders aan dan de avond voordien. Boven het dak van het huis waarin hij overnacht had, torenden twee woongebouwen uit van wel twintig verdiepingen hoog, als ouders die er waakzaam op toezien dat hun kinderen, die sterk op hen lijken, niet in het water vallen. Toen hij dat opmerkte deinsde Rudolf letterlijk achteruit, tot tegen de borstwering langs de kade, alsof hij poseerde voor een fotograaf die hem bleef aanmanen een stapje achterwaarts te zetten.

a path between the gray fencing sectioning off the courts.

For a long time he sat alone. Presently a man sat down next to him, leading a leashed animal that seemed to be a small, elegant dog, but turned out, upon closer inspection, to be a ra-refied cat. The animal – it could only be female, as Rudolf saw it – immediately settled on the ground before the bench with its paws folded in front, entirely symmetrical but for the quivering tail, giving every appearance of awaiting the beginning of some kind of competition. Her owner was a balding man of advanced years with high blushing cheeks. He and Rudolf exchanged a hearty smile. A group of boys approached from the other side and proceeded, nimbly and without a word, to prepare to scale the fence. The ball had already been thrown into the court and dribbled on. The last of the group was the largest, and with an awe-inspiring show of strength he launched himself from his motionless position into an Amazon-like pose on top of the fencing, then landed gracefully on the other side. His friends had already begun an impatient but serious game of football.

I have always wondered, the man said in a deep, hoarse voice that was intermittently interrupted by coughing, if boys could invent the game of football on their own. If you were to give them a ball and lock them up inside a room, what are the chances you would ultimately find them playing football… with two makeshift goals… a division amongst the players in each team… and that never-ending back and forth rush in which you're forced from playing offence one minute to defense the next, and vice versa.

Wat ik echt nodig heb, dacht hij net voor hij zijn eerste volle dag in de periferie had aangevat, zijn *x-ray eyes*. Er zouden röntgenbrillen moeten bestaan waarmee je door de gevel van een gebouw kan kijken, naar wie of wat zich binnen bevindt. Hij had na een korte rit met de metro een veelzijdig woningcomplex bereikt, samengesteld uit zadeldaken, platte daken, hoge ramen, uitstekende plafonds, noodtrappen, afgeknotte hoeken en trapeziumvormige houtvlakken. Het enige dat de onderdelen met elkaar leek te verbinden, was een glimmende, bijna weeïge kleur blauw die zich op alle houten stukken had vastgezet. Verborg deze verzameling één groot interieur? Of was het gebouw opgedeeld in kleinere vertrekken, waarin zich een ontzettend groot aantal mensen had teruggetrokken, waaronder misschien ook wel ddd, om onbekende maar legitieme redenen?

Het was een grijze dag, waarvan de monotonie niet doorbroken werd, zelfs niet door wind of door verdwaalde regen. Rudolf kreeg een lift van een vrachtwagenchauffeur. Toen hij weer uitstapte zag hij voor zich een verzameling sportpleintjes. Langs de rand van het terrein stond een nieuw complex in de steigers. Het was dinsdag, maar ook hier lag het werk stil. De vier of vijf mensen die hij op de bovenste verdieping van de ruwbouw zag, hielden hun handen in hun zakken en keken uit over de wijde omgeving. Rudolf ging op een bank zitten, in het gangpad tussen de met grijze tralies afgeboorde velden.

Lange tijd bleef hij alleen. Toen kwam er een man naast hem zitten, die een dier aan de leiband hield dat op een kleine, elegante hond leek, maar dat bij nader inzien een gedistingeerde

The man introduced himself as Dirk, sending a fearful shock through Rudolf's body – a shock the man must have noticed. He lived in the puzzle-piece building that Rudolf had looked at that morning. For the moment anyway, since soon he and his wife would be moving into a flat in the apartment building that was under construction beyond the sports grounds. Dirk – this Dirk, not ddd – had lived his entire life in the outer circle of Rotterdam, during the war too. His parents had owned a fully glass-encased apartment on the seventh floor of a residential block and so, as a toddler in the wartime winter of 1945, which was inhumanely cold but not lacking in sunshine, his parents had set him in front of the glass in the living room. There was no danger of bombing outside the city centre. There was no coal, there was no oil, there was no artificial heating, but the sun was bright all through the month of February and within a few hours Dirk's forehead, nose, knees and underarms were burned to the color of crisp bacon. Never, he said, in these cramped quarters where financial considerations and my wife's dislike of city-living have put me now, would that be possible. I am convinced that this is exactly why Mieze, he nodded in the direction of his cat who, upon hearing her name, turned her head, raised her eyebrow and seemed to smile arrogantly, why Mieze is so keen, meek and obedient for our walks. Things will be changing soon, if they get moving a bit, that is. He jabbed the thumb of his right hand over his shoulder towards the docks.

Meanwhile Rudolf had taken out the only photo he had with him of ddd. It was a black-and-white portrait of Dirk in the

kat bleek te zijn. Het dier, dat in de ogen van Rudolf wel vrouwelijk moest zijn, ging zonder aarzelen voor de bank op de grond zitten, de samengevouwen poten voor zich uit, symmetrisch, met uitzondering van de zacht trillende staart en leek het begin van een of andere wedstrijd af te wachten. Haar baasje was een kalende man op leeftijd, met blozende, hoog aangezette wangen. Rudolf en hij glimlachten bemoedigend naar elkaar. Een groepje jongens naderde van de andere kant en vormde lenig en zonder overleg een stelling die hen toestond om over de omheining te klimmen. De bal was ondertussen op het plein gegooid en stuiterde na. De laatste van de bende was de grootste en met een bewonderenswaardige krachtinspanning trok hij zich vanuit stilstand naar een amazonehouding bovenop de afrastering, waarna hij zwierig langs de overkant belandde. Zijn vrienden waren, ongeduldig maar ernstig, alvast met voetballen begonnen.

Ik heb me altijd afgevraagd, zei de man met een zware, hese stem, die nu en dan door gehoest werd onderbroken, of jongens het voetbalspel op eigen kracht zouden uitvinden. Sluit ze op met een bal tussen vier wanden; hoe groot is de kans dat je hen uiteindelijk al voetballend aantreft… met twee geïmproviseerde doelen… een taakverdeling binnen de ploeg… en dat eeuwige heen en weer geren, dat spel waarin je van het ene op het andere moment van de aanval in de verdediging kunt worden gedwongen en omgekeerd.

De man stelde zich voor als Dirk en er ging een angstige schok door het lichaam van Rudolf – een schok die de man opgemerkt moest hebben. Hij woonde in het bij elkaar gepuzzelde

56

passenger seat of a car. His right arm dangled out through the window and he was holding a pencil with a rubber, which he had been using to make notes on two cards laying before him on a writing board. His reading glasses had sagged down to the tip of his nose and he faced the camera with a questioning, almost impudent expression. I don't know him, said this other Dirk, but I'm the last person you should be asking. If you're looking for someone, then this is definitely the last place you should be doing it. At Rudolf's request this Dirk agreed to take him to places where he might meet with more success. Dirk was happy to have something else to occupy him besides the day in, day out, care of Mieze while his wife watched soap-operas on television and made twice-weekly trips to the shopping centre with her friends.

Who is this guy, he asked Rudolf, after they had put Mieze in a basket that looked like an extended apartment in miniature. They were walking to the metro station together and Rudolf, feeling almost gloomy now that this question had come up, looked sadly skyward. A friend, he said, an old friend, but one I've not heard from in a long time. The question, and matter of fact answer, caused him to realize that where he should really be was at home, with his wife and his two daughters; though this search had their full sympathy, theirs was more like the tolerance for a loved one who keeps on taking painkillers despite the fact that scientific research has proven the existence of negative side effects.

As they neared the end of the residential area, they came up along a burnished wall with dark green pebbles that reached

gebouw waar Rudolf die ochtend naar had staan kijken. Voorlopig althans, want binnenkort zou hij samen met zijn vrouw een appartement betrekken in het in aanbouw zijnde flatgebouw dat zich achter het sportterrein bevond. Dirk – deze Dirk, niet ddd – had zijn hele leven lang in de rand rond Rotterdam gewoond, ook tijdens de oorlog. Zijn ouders waren eigenaar van een volledig met glas omgeven appartement, op de zevende verdieping van een woonblok en tijdens de oorlogswinter van 1945, die onmenselijk koud was maar helemaal geen tekort kende aan zonneschijn, hadden zijn ouders hem als peuter achter het glas in de woonkamer gezet. Gevaar voor bombardementen was er buiten het centrum niet. Er waren geen kolen, er was geen olie, er was geen artificiële warmte, maar de zon scheen fel voor de maand februari en op enkele uren tijd waren het voorhoofd, de neus, de knieën en de onderarmen van Dirk verbrand als een zijde dungesneden spek. Dat, zei hij, zou in het gedrongen huisje waarin ik woon, om financiële redenen en omdat mijn vrouw het leven in de stad niet meer aankon, onmogelijk zijn. Ik maak me sterk dat het precies daarom is dat Mieze – hij knikte in de richting van zijn kat, die bij het horen van haar naam achterom keek, de wenkbrauwen optrok en arrogant leek te glimlachen – dat Mieze daarom zo graag, gedwee en gehoorzaam mee uit wandelen gaat. Dat zal binnenkort veranderen, als men een beetje voortmaakt tenminste – en hij wees met de duim van zijn rechterhand over zijn schouder naar de werf.

Rudolf had ondertussen de enige foto van ddd die hij bij zich droeg, tevoorschijn gehaald. Het was een zwartwit portret

as far as the eye could see or else sloped into the ground there. Everything here, Rudolf thought, seems to go on as far as the eye could see, and then stops suddenly, which means your eyes have been playing tricks on you. Behind that wall is the metro track, said Dirk, and the slabs, walls and fountains have been added to diminish the contrast with the nearby suburb. I always wonder, he said, if the plan to build that wall can be traced back to one man, and if it can, how many people could link this green buffer zone with the good intentions of one single man?

Moving down along a set of steps they went underground, crossing underneath the wall and the green buffer, and got on the metro – heading for a spot that, according to Dirk, had hidden its share of people. Having come to that spot, Rudolf once again found himself standing on a quay, which they had reached by ascending a steep stairway towards a vast zooming noise that dominated the area all around. Across the water were thousands of white containers stacked one on top of the other with no discernable pattern, so that they sometimes formed groups of ten or fifteen, and sometimes groups of two hundred. Rudolf had no idea where the noise came from, but wished it would stop. What you're hearing, Dirk explained, raising his voice to screaming pitch to be heard above the raging sound, are the containers' cooling systems, which are attached to the tops like parasites. They suck the warm air out of the containers and blow it in our direction. And indeed, Rudolf felt a strong, not a cold breeze, though where it came from was unclear, as was its share in the surrounding roar.

van Dirk die op de passagiersstoel van een auto zat. Zijn rechterarm hing uit het raam en hij hield een potlood met een gummetje vast, waarmee hij aantekeningen had gemaakt op twee fiches die voor hem op een schrijfplank lagen. Zijn leesbril was tot op het puntje van zijn neus gezakt en met vragende, bijna brutale ogen keek hij in de camera. Die ken ik niet, zei de andere Dirk, maar ik ben de laatste aan wie je dat zou moeten vragen. En als je iemand zoekt, dan is dit ook de laatste plek waar je dat zou moeten doen. Op vraag van Rudolf was deze Dirk bereid hem te vergezellen naar plaatsen waar hij meer geluk kon hebben. Dirk was blij om eens wat anders onder handen te hebben, want hij was dag in dag uit in de weer met de behandeling van Mieze, terwijl zijn vrouw soaps bekeek op televisie en tweemaal per week het winkelcentrum bezocht met vriendinnen.

Wie is die man, vroeg hij aan Rudolf, nadat ze Mieze hadden ondergebracht in haar mandje dat op een uitgebouwd appartement in miniatuurvorm leek. Ze wandelden samen naar het metrostation en Rudolf keek, bijna ongelukkig nu die vraag was opgedoken, treurig naar de hemel. Een vriend, zei hij, een oude vriend van wie ik al lang niets meer heb vernomen. De vraag, en het laconieke antwoord, deed hem beseffen dat hij thuis zou moeten zijn, bij zijn vrouw en bij zijn twee dochters, die weliswaar alle begrip hadden voor zijn zoektocht, maar dan eerder zoals je het gestage gebruik van pijnstillers door een geliefd persoon gedoogt, hoewel de negatieve neveneffecten afdoend bewezen zijn door wetenschappelijke studies.

Ze naderden het einde van de woonwijk en kwamen daarbij

You would be surprised at the number of people you'd find here, hidden in dark interiors that are quite likely far too cold, said Dirk, moving closer and closer to Rudolf's ear. Maybe your friend is here. What's his name then? Dirk, said Rudolf, repeating it once when asked, and then twice, but finally – when his guide absolutely refused to believe his ears, thinking there was some misunderstanding – said loud enough to be heard: Max.

Rudolf's vision of that morning, at once utopian and terrifying, of having unimpeded access to such information as he could get via X-rays: dozens of skeletons, spread out or stacked in the most diverse positions, though often deathly and icily still – and between them, perhaps, ddd, tensely awaiting the moment when his chosen container would be set out to sea. It seemed a highly improbable vision.

They spent the remainder of the day walking for hours along the quay, while Dirk described how this area, though to all appearances completely deserted, was buzzing with human and individual activity: everywhere you turned, everything looked fully at rest, but at the same time you could be quite certain that everything was in a constant, nervous, subtle state of motion. There was no better evidence than that directly in view – a monolithic block anchored in the water on the opposite bank, which looked like a sugar-saturated hunk of ice melting with exasperating slowness. It was an asylum-seekers centre that had the appearance of having fallen into disuse, though that was not to say that it looked deserted. In fact, nothing could be further from

langs een glanzende muur met donkergroene steentjes, die zover het oog reikte doorging, of daar althans in de grond verdween. Alles, dacht Rudolf, lijkt hier door te gaan zover het oog reikt en houdt dan onverwacht weer op, zodat het oog je niets dan praatjes heeft wijsgemaakt. Achter die muur, zo vertelde Dirk, bevindt zich de metrolijn, en die platen, muurtjes en waterpartijtjes heeft men er tegenaan geplaatst om het contrast met de nabijgelegen woonwijk kleiner te maken. Ik vraag me altijd af, zei hij, of het plan die muur te bouwen tot één man terug te brengen is, en zo ja, hoeveel mensen dat zouden kunnen doen: deze groene bufferzone verbinden met de goede bedoelingen van één enkele man.

Langs een trappartij begaven ze zich onder de grond, onder de muur en de groenbuffer door, en namen de metro – naar een plek, zo zei Dirk, waar zich in het verleden al meerdere mensen hadden verscholen. Eenmaal op die plek stond Rudolf alweer langs een kade, die ze hadden bereikt door een steile trap te bestijgen, in de richting van een gigantisch gezoem dat de hele omgeving domineerde. Aan de overkant van het donkere water lagen duizenden witte containers op elkaar gestapeld, zonder dat ze een regelmatig patroon vormden, nu eens in groepjes van tien of vijftien, dan weer in groepjes van tweehonderd. Rudolf had geen idee waar het lawaai vandaan kwam, maar hij wou dat het ophield. Wat je hoort, zei Dirk met een schreeuwerige stemverheffing die noodzakelijk was om hoorbaar te zijn boven het razende geluid uit, zijn de koelinstallaties van de containers, die als parasieten op de kop van de dozen zijn aangebracht. Ze halen de warme lucht uit de containers en blazen die in onze richting. Inderdaad voelde Rudolf

the truth. Many narratives drifting here, cloud-like, back and forth in the ring around Rotterdam: the experiences or brushes with asylum seekers, people-without-papers, refugees, political prisoners, you name it – how tellingly our vocabulary has grown in this respect.

Dirk had heard one story, for example – and his wife had also heard it from someone else – of the man who lived in one of the houses nearest to the asylum-seekers centre, though still a few kilometers away. One Sunday, as the man was in the kitchen at the back of the house doing the previous day's washing up, there suddenly appeared a black youth, no older than eighteen, framed in the long window opening out to the small garden. The man literally doubted his eyesight, standing face to face with this stranger who knocked, politely but insistently, on the window-pane – as though to verify that it was indeed glass that separated him from the interior of the house. The man's home belonged to a row of houses that acted as an impenetrable barrier between a car park at a lower level, with the back rooms of a block of shops above, and a covered shopping street below, facing the houses. Having, most likely, slipped through a pair of doors that would have soon slammed shut, and relying on considerable agility and luck, the youth had climbed up to the back gardens, found the single open gate and now, standing before the closed kitchen window, was effectively trapped. Police, he said, police. And sure enough a helicopter flew over very low just then, creating a suck-ing, whirring noise, but it could not be said with any certainty if the appearance of the one was all connected with the appearance

hoe er een sterke, niet erg koude bries stond, maar het was onduidelijk waar die vandaan kwam of welk aandeel die had in het kabaal dat hen omringde.

Je zou eens moeten weten hoeveel mensen zich hier voor ons bevinden, verstopt in donkere en naar alle waarschijnlijkheid veel te koude interieurs, zei Dirk, steeds dichter bij het oor van Rudolf. Misschien is je vriend er ook wel bij. Hoe heet hij eigenlijk? Dirk, zei Rudolf, en daarna, op aanvraag, nog eens, maar omdat zijn begeleider tot tweemaal toe letterlijk zijn oren niet kon geloven en dacht dat het om een misverstand ging, zei hij uiteindelijk – luid genoeg: Max.

Rudolf had hetzelfde zowel utopische als afschrikwekkende visioen als eerder die ochtend, waarin hij vrijelijk over de informatie kon beschikken die röntgenogen hem zouden verschaffen: tientallen skeletten, verspreid of op elkaar, in de meest variërende posities, maar vaak ook dodelijk en ijskoud stil – en daartussen, misschien, ddd, vol spanning wachtend tot de container die hij had uitgekozen over de oceaan zou worden neergezet. Het leek hem hoogst onwaarschijnlijk.

De rest van de dag wandelden zij samen urenlang verder langs de kade, terwijl Dirk vertelde hoe dit gebied, hoewel uiterlijk altijd volledig verlaten, gonsde van de menselijke en individuele activiteiten: overal waar je keek bevond alles zich in volstrekte rust, maar tegelijkertijd kon je er zeker van zijn dat alles zich ook in voortdurende, nerveuze, fijnzinnige beweging bevond. Het beste bewijs daarvan was het monolithische blok waarop ze uitkeken, dat langs de andere oever in het water lag aangemeerd en dat

of the other. In any event, the older man decided to help the younger who, sleek and watchful, made his way unhesitatingly in through the open window and out through the front door. Only a few minutes later four uniformed policemen were patrolling the path at the end of the gardens, but by then the open gate had been closed.

Things like that are happening here more and more, said Dirk. It's over before you can blink, but it's there all right. Maybe something like that happened to your friend, he said. Is he guilty of something, is he on the run? I hope not, said Rudolf, I don't know. Something resembling a sea gull emerged from a fold of cloud cover high up, took a sharp dive that might have driven the two men apart, but then lifted again just in time.

—

Rudolf Max died in a car accident between Christmas and New Year's Eve of 2007, half a year after I met him in Brussels. The news came to me in a letter from his eldest daughter, landing in my letterbox on 8 January 2008. I remember my impatience as I opened the envelope whilst standing in the lift that would return me to my flat. Tucked in the letter I discovered, to my surprise, another envelope, one addressed in a different, much more angular hand to Rudolf Max. Only then did I see the accompanying note from Rudolf's eldest daughter, written in pencil on a heavy piece of yellowish ruled paper.

She addressed me with *Dear*, writing: one week ago my

eruitzag als een met suiker verzadigd stuk ijs dat tergend langzaam smelt. Het was een asielzoekerscentrum dat in onbruik leek te zijn geraakt, om niet te zeggen dat het er verlaten uitzag. Niets was minder waar: talrijk waren de verhalen die hier, in de rand rond Rotterdam, als wolken heen en weer dreven en ervaringen of aanrakingen met asielzoekers, mensen-zonder-papieren, vluchtelingen, politieke gevangen, noem maar op – het is veelbetekenend hoe onze woordenschat wat dat betreft is aangegroeid – als grondstof hebben.

Zo had Dirk zich bijvoorbeeld het verhaal laten vertellen, en zijn vrouw had het ook weer van iemand anders gehoord, van de man die in een van de huizen woonde die het dichtst bij het asielzoekerscentrum gelegen waren – weliswaar nog steeds enkele kilometers verderop. Op een zondag, toen die man in de keuken achterin het huis de vaat van de vorige dag deed, stond er plots een zwarte jongeman, niet ouder dan achttien, voor het lange raam dat uitkeek op de kleine tuin. De man leek letterlijk aan zijn ogen te twijfelen, toen hij oog in oog stond met de vreemdeling, die beleefd maar met aandrang op het vensterglas klopte, alsof hij wou verifiëren dat hem inderdaad zoiets als glas van het interieur van de woning scheidde. De huizenrij waarin de Rotterdammer één woning betrok, vormde de ondoordringbare grens tussen een lagergelegen parking, met daarboven de dienstruimtes van een reeks winkels, en een overdekte winkelstraat onderaan de voorzijde van de huizen. Met veel lenigheid en geluk, en waarschijnlijk ook omdat hij snel tussen een paar nog net niet dichtklappende deuren had kunnen glippen, was de jongeman opgeklommen tot in de

father, Rudolf Max, died very suddenly. We were driving back from Rotterdam, with me in the passenger seat, when he suffered a stroke that caused him to loose control of the steering wheel. The car swerved off the road but by some miracle got jammed in between two sections of concrete. Had it not done so, the vehicle would have hurtled down and ended up between the diagonal piers in the water. Should that have happened, I would not have survived the accident. I assure myself that I still have a few days in which to write to you, as to many others. More than likely, after that, it will be over. I know that you have been involved in my father's search for ddd during this past year, and also know that a document will doubtless surface quite soon in which you are named the beneficiary of the fruits of his investigation, wherein it will also be stipulated that the whole of the ddd archive is to be bequeathed to you. Though the general value of this large assortment of documents seems to us, also in view of the circumstances, relatively small, I am unable to transfer anything until this authorization of my father's appears. This notwithstanding, on the morning that I myself was discharged from hospital a letter for my father arrived with the post that, strictly speaking, is not part of the archive, though it does relate to the matter in Rotterdam. I therefore enclose it herewith. I will contact you again in due time, but do not know at present when that may be. Kind regards, Julia Max.

The other, enclosed letter did have a return address and had taken, presumably due to the end-of-year strain on the postal service, four weeks to get from Sarah West in Ohio to Rudolf – too

achtertuintjes, waar hij één hek open had gevonden – nu, staand voor het gesloten keukenraam, zat hij echter in de val. Politie, zei hij, politie, en inderdaad vloog er net op dat moment erg laag een helikopter over, met een zuigend, cirkelend geluid tot gevolg, maar of de ene aanwezigheid ook maar iets met de andere te maken had kan niemand met zekerheid zeggen. In elk geval besloot de oudere de jongere man te helpen, en glad en schichtig baande de laatste zich zonder aarzelen een weg vooruit, door het open raam naar binnen en dan langs de voordeur weer naar buiten. Inderdaad patrouilleerden enkele minuten later een viertal politiemannen in uniform langs het gangpad achteraan de tuintjes, maar het openstaande hek was alweer gesloten.

Zo gaat het hier steeds vaker, zei Dirk, het is voorbij zonder dat je met je ogen hebt kunnen knipperen, maar het is er wel. Misschien is je vriend iets dergelijks overkomen, zei hij, heeft hij iets op zijn geweten en is hij op de vlucht? Ik hoop van niet, zei Rudolf, ik weet het niet. Iets wat op een zeemeeuw leek, kwam hoog uit een bewolkte plooi van de hemel tevoorschijn, nam een scherpe duikvlucht die de mannen uit elkaar had kunnen drijven, maar steeg weer op voordat dat het geval kon zijn.

—

In de periode tussen kerst en nieuwjaar 2007, een half jaar nadat ik hem in Brussel had leren kennen, kwam Rudolf Max om het leven in een auto-ongeval. Het nieuws werd mij gemeld door middel van een brief van zijn oudste dochter die ik in mijn brievenbus

late, it turned out, by a mere two days. Only much later did I feel any great diffidence at the idea of opening this letter, likewise such shame or futility as I should have felt. In the event it did not occur to me to leave the letter unopened.

Dear Rudolf, wrote Sarah, her handwriting familiar from the cards Rudolf had shown me – a lot has happened since the last time we spoke. There's no point in going into it now. And it isn't that I know more now than I did before, but it is easier or has even become more urgent to talk about it. What had just disappeared then, has now returned in another guise. To be brief: in January I will be in Europe for one month. If you like, we could talk then. This is something that I should have done long ago, but I hope that you understand, or will understand, why I couldn't during all that time. Now it has become a necessity, not least for you, but for others as well. I hope to see you soon, Sarah. P.S. I would have sent you an e-mail, but I didn't have your e-mail address. This is mine: sw@gmail.com.

It was in January that I first began recalling everything Rudolf Max had told me. I had met him during the summer of 2007 after his visit in Brussels to Mrs Sauvageot. That he had managed to locate her could be considered as a major breakthrough. He now knew that ddd was somewhere in the periphery, or recently had been so, and that was more than he had expected. The notion that this entire matter was now becoming real had even felt to him, precisely while he was talking with Mrs Sauvageot, as something eminently unreal, as a dream in which the steadily mounting and incontrovertible evidence points to the

aantrof op 8 januari 2008. Ik herinner me hoe ik de enveloppe ongeduldig openscheurde terwijl ik in de lift stond die me weer naar mijn appartement bracht. Tot mijn verrassing trof ik in de brief nog een andere enveloppe aan, die in een ander, veel hoekiger handschrift, aan Rudolf Max was geadresseerd. Pas toen merkte ik het begeleidend schrijven van Rudolfs oudste dochter op, in potlood geschreven, op een gelig en stevig stukje gelijnd papier.

Beste, schreef ze mij, een week geleden is mijn vader, Rudolf Max, onverwacht overleden. Tijdens een autorit vanuit Rotterdam, met mij op de passagiersstoel, heeft hij een hersenbloeding gekregen die hem de controle over het stuur heeft doen verliezen. De auto is van de weg geraakt, maar is als bij wonder blijven hangen tussen twee stroken beton. Zo niet was het voertuig neergestort en tussen de schuine kolommen in het water beland. In dat geval had ik de crash niet overleefd. Ik maak me sterk dat ik nog over een paar dagen beschik waarin ik u, net als vele anderen, kan schrijven. Daarna is het meer dan waarschijnlijk afgelopen. Ik weet dat u het laatste half jaar betrokken bent geraakt bij het onderzoek van mijn vader naar ddd, en ik weet ook dat er binnenkort ongetwijfeld een document zal opduiken waarin hij u als erfgenaam van zijn onderzoeksresultaten aanduidt, en waarin ook zal vastgelegd zijn dat het gehele ddd-archief aan u zal worden overgemaakt. Hoezeer wij het algemeen belang van deze grote hoeveelheid documenten, zeker in het licht van de gebeurtenissen, relativeren, toch kan ik niets overmaken zonder dat die machtiging van mijn vader daadwerkelijk opduikt. Evenwel is het zo dat er, op de ochtend dat ik zelf uit het ziekenhuis ben ontslagen, met de post een brief voor mijn vader

non-existence of that dream. Now he was forced to admit that he had never actually considered the possibility of success – his understanding of success had been something quite different from actually finding ddd.

Nevertheless, he told me over the phone in November of 2007, that it did not mean that his presence, as soon as that possibility materialized, became anything less than the goal. It was during that conversation – the last I was to have with him – that he mentioned having been in contact with ddd only a few days before. Rudolf had seen him, or believed he had. In the course of one of his wanderings, he had come to a halt at the foot of two apartment blocks, where fences surrounding a large power station literally cut off his path. There, on the grounds of the station, he suddenly spied a man sitting with his back against the face of the wall, cast in shadow by a container. It took no more than an instant to convince him that the man in question was ddd. His suspicion was confirmed when the man, upon seeing him, ran off. Rudolf had called his name, and had tried scaling the fence. He had been getting on pretty well when he was roughly pulled down by a security guard. That working class stiff – as Rudolf called him – was not interested in explanations, and told Rudolf to get off the premises. His response, at Rudolf's last effort of presenting the photo of ddd, was to advise him to try at the Lijnbaan. This incident, no matter how disappointing the conclusion or how dodgy the circumstances, affected him deeply.

I still have a clear recollection of the quality of Rudolf's voice while we talked over the phone. I heard his uncertainty,

is gearriveerd, die in de strikte zin van het woord niet tot de archieven behoort, maar die wel betrekking heeft op de hele zaak in Rotterdam. Ik sluit die brief daarom bij deze brief in. Te zijner tijd zal ik opnieuw contact met u opnemen, maar voorlopig weet ik niet wanneer dat zal zijn. Met vriendelijke groeten, Julia Max.

De andere bijgevoegde brief droeg wel een afzender en had er, waarschijnlijk door de overbelasting tijdens de eindejaarsperiode, vier weken over gedaan om van Sarah West in Ohio tot Rudolf te komen – maar was, zoals bleek, slechts een paar dagen te laat. Pas veel later heeft de schroom om deze brief te openen mij overvallen, net als de schaamte of de vergeefsheid die ik daarbij had moeten voelen. Op dat moment kwam het niet in mij op de brief ongeopend te laten.

Beste Rudolf, schreef Sarah, wiens handschrift ik kende van de kaartjes die Rudolf mij had getoond – beste Rudolf, er is veel gebeurd sinds de laatste keer dat ik je sprak. Het heeft geen zin dat ik er uitgebreid op in ga. Het is ook niet zo dat ik nu meer weet dan vroeger maar het is makkelijker of zelfs noodzakelijker geworden om erover te praten. Wat toen net verdwenen was, is nu in een andere vorm teruggekomen. Om kort te gaan: in januari ben ik een maand lang in Europa. Indien je dat wenst, kunnen we dan praten: het is iets wat ik al veel eerder had moeten doen maar ik hoop dat je begrijpt of zal begrijpen waarom het al die tijd niet kon. Het is nu, niet in het minst voor jou, maar ook voor alle anderen, noodzakelijk. Hopelijk tot gauw, Sarah. P.S. Ik had je ook kunnen mailen, maar ik ken je emailadres niet. Hier is alvast het mijne: sw@gmail.com.

that he was tired, and I suspected that he might call an indefinite halt to his activities. I am unsure as to whether I was proven right in the end: the car in which he met his death was en route back from Rotterdam. Above everything else, however, I heard restlessness in his words, and a melancholy undercurrent filled with longing for a time when there was less at stake, when his pilgrimage in the periphery had been a hazardless one-man preoccupation, the slightly silly but fantastic hobby of an unworldly, wealthy man of a certain age, rooted in and around a single life: his own, spurred by a penchant for an irregular sort of beauty; in other words, a monologue. I wonder whether he did not regret his decision to include me in all of it.

As for myself, nothing would keep me from my projects any longer. In the autumn of 2007 I had gotten a position as editor-in-chief. On the very same day that I received the double letter from Julia and Sarah I gave notice at the magazine where I was employed and left for Rotterdam. The prospect of an extended period in which I could blow off all thoughts of electricity information forms, tax returns, direct debiting, residents permits, futurologies, budgets, deadlines, forecasts, deliveries, dispatches, traffic plans, professional procedures, route descriptions, meetings, steady contracts, feasibility studies, new reports, questionnaires, opinion polls, means of communication, analyses, subsidy requests, job interviews, projects, office hours, voicemail, closing times, lunch breaks, feedback, networking, work groups, regimes, health studies, text messages – the prospect of some time spent on the outside of that strange thing we have come to call living,

In januari ben ik voor het eerst precies nagegaan wat Rudolf Max mij had verteld. Ik had hem in de zomer van 2007 ontmoet nadat hij in Brussel mevrouw Sauvageot had bezocht. Dat hij haar had teruggevonden kon als een grote doorbraak beschouwd worden. Hij wist nu dat ddd zich in de periferie ophield of dat zeer recent had gedaan en dat was meer dan hij had verwacht. Dat de hele zaak werkelijkheid werd had hem zelfs, precies tijdens het gesprek met mevrouw Sauvageot, als zeer onwerkelijk toegeschenen, alsof er tijdens een droom steeds meer onweerlegbare bewijzen opduiken van het onbestaan van die droom. Hij moest het onder ogen zien: hij had nooit ernstig rekening gehouden met een kans op slagen – wat hij onder slagen had verstaan was iets geheel anders dan het terugvinden van ddd.

Het neemt niet weg zei hij me in november 2007 over de telefoon, dat zijn aanwezigheid zodra die mogelijk bleek te zijn niets minder dan een doel werd. Tijdens dat gesprek, dat overigens het laatste was dat ik met hem voerde zei hij enkele dagen eerder nog met ddd in aanraking te zijn gekomen. Hij had hem gezien, of dat meende hij althans. Aan de voet van twee flatgebouwen was Rudolf tijdens een van zijn zwerftochten tot staan gebracht door de afrastering van een grote energiecentrale die hem letterlijk de pas had afgesneden. Op het terrein van die centrale had hij plots een man zien zitten met zijn rug tegen de gevel, in de schaduw van een container, en hij was er in een flits van overtuigd geraakt dat het om ddd ging. Dat vermoeden werd bevestigd toen de man hem in het oog kreeg en het op een lopen zette. Rudolf had zijn naam geroepen en had geprobeerd om over het hekwerk te klauteren.

the prospect of finding a portal into the life of Rudolf Max that was no more, and into the life of ddd, that was even now uncertain – that prospect seemed within my reach in those places that Rudolf had visited and described to me.

—

What I had envisioned was not far off the mark. January ninth, round about evening, I finally switched off the car engine for the first time in my marathon drive to Rotterdam. I had gone off the motorway and now found myself in an empty car park that, I guessed, lay in one of the rings circumscribing the city. The only indication that this spot should be treated as a parking zone was the grid of white lines that, like chalk marks, were painted onto the black tarmac alongside small, dark green shrubs: signs with meanings commonly agreed upon, but also signs with meanings rarely put to the test – except now with the presence of my car. What was it, then, that I had come here to do: prove that intentions had been good, that people had been on the right track, that lives were subject to chance and that plans were justified?

My car, a Volkswagen Golf from the early nineties, had no fancy positioning system; I had given up using a mobile because its capricious manner of seemingly calling me to order, no matter where, frightened me; a road map, breached by a tear along the right hand side, had been my only aid during the trip and was all that I had to rely on. Prior to my departure, I had sent Sarah an awkward e-mail, in which I had tried to describe

Dat leek te lukken, totdat hij hardhandig naar beneden werd getrokken door een bewakingsagent. Die loontrekker – zo noemde Rudolf hem – had geen begrip voor de verklaring die hem werd aangereikt en hij verzocht Rudolf om zich uit de omgeving van de centrale te verwijderen. Als reactie op de foto van ddd die hem als laatste redmiddel werd getoond, raadde de man Rudolf aan om het eens op de Lijnbaan te proberen. Dat voorval, hoe jammerlijk het ook was afgelopen en hoe twijfelachtig het ook was, had hem zeer sterk aangegrepen.

Ik herinner me nog goed hoe de stem van Rudolf tijdens dat telefoongesprek klonk. Ik hoorde dat hij twijfelde, dat hij vermoeid was, en ik vermoedde dat hij zijn bezigheden voor onbepaalde tijd zou stopzetten. Ik weet niet zeker of ik wat dat betreft gelijk heb gekregen: de auto waarin hij zijn dood zou vinden, was op de terugweg van Rotterdam. Maar bovenal zat er bij vlagen ook onrust in zijn woorden, met een melancholische onderstroom vol verlangen naar de tijd waarin er nog niet zoveel op het spel had gestaan en zijn pelgrimage in de periferie een ongevaarlijke eenmansbezigheid was geweest, een licht belachelijke maar fantastische hobby van een wereldvreemde, welgestelde man op leeftijd, die slechts in en rond één enkel leven was geworteld: het zijne – altijd weer alleen maar het zijne, dat voortgedreven werd door een hang naar schuine vormen van schoonheid – een monoloog, met andere woorden. Ik vraag me af of hij geen spijt had mij bij de hele zaak betrokken te hebben.

Zelf liet ik me niet langer van mijn projecten ontslaan. Ik was in het najaar van 2007 als eindredacteur gaan werken. Toen

the situation as briefly and at the same time as circumspectly as I could. I would be in Rotterdam a day earlier, I wrote. I would be there for an undetermined period of time. She could let me know when and where she and I, instead of she and Rudolf, would or could meet.

It was only then, in the car park, that I realized the impracticality of this plan. We have this idea that technology is at our disposal and will materialize as soon as we need it, but the very instant our daily pattern changes we realize that it is we who are led by our need of technology. This peripheral pilgrimage that I had begun, with Rudolf and Dirk as my models, had brought me to deny myself access to – for example – the Internet. Where would I be able to receive Sarah West's message?

I must have then fallen asleep, without having arrived at a solution. I slept fitfully, unused to surroundings so absolutely quiet. Only the car mechanism winding down emitted an occasional sound. Towards the morning my sleep deepened, and my dreams took on shapes I could later recall. I was lying in the car; from a bird's eye perspective I could see, approaching the vehicle from opposite directions, Rudolf (left) and ddd (right). Then the perspective changed, and I was looking down, facing the nose of the car – which appeared to be empty – and (this time) saw on the left not ddd but myself, while Rudolf stood grinning on the right. I, or the figure that had assumed me, pulled out a jerry can and poured the contents over the roof of the car, upon which Rudolf held a lighter to what must therefore have been gasoline. At that moment I awakened, aghast, to the crackle of real flames.

ik de dubbele brief van Julia en Sarah kreeg, heb ik nog diezelfde dag mijn ontslagbrief ingediend bij de redactie van het maandblad waarvan ik op de loonlijst stond en ben ik naar Rotterdam vertrokken. Het vooruitzicht om lange tijd niet in de weer te hoeven zijn met elektriciteitsformulieren, belastingaangiftes, domiciliërings-opdrachten, verblijfsvergunningen, toekomstplannen, begrotingen, deadlines, futurologieën, leveringen, zendingen, verkeersplannen, beroepsprocedures, wegbeschrijvingen, vergaderingen, bestendige opdrachten, haalbaarheidsstudies, nieuwsberichten, enquêtes, opiniepeilingen, communicatiemogelijkheden, analyses, subsidieaanvragen, sollicitatiegesprekken, projecten, kantooruren, antwoordapparaten, sluitingstijden, lunchpauzes, feedback, netwerken, werkgroepen, regimes, gezondheidsonderzoeken, tekstberichten – het vooruitzicht om een tijdje buiten dat vreemde ding te gaan staan dat wij tegenwoordig als het leven beschouwen – het vooruitzicht toegang te kunnen vinden tot het leven van Rudolf Max dat niet meer bestond, en tot het leven van ddd, waarvan het bestaan nog steeds onzeker was – dat vooruitzicht leek mij, op de plaatsen die Rudolf had bezocht en mij vervolgens had beschreven, toegankelijk te zijn.

—

Ik had nauwelijks ongelijk. Op 9 januari, rond de avond, bracht ik de motor van mijn auto voor het eerst tot stilstand, nadat ik in één ruk naar Rotterdam was gereden. Ik had de autosnelweg verlaten en bevond me nu op een leegstaand parkeerterrein dat, naar ik

The fire, as I saw when I raised myself from my reclining position and looked carefully out the window, was burning a few dozen meters away in one of the farthest corners of the car park. The fire had been made, and was now being tended, by a few men. They were pulling Christmas trees from a small lorry, one after another, and dragging them to the fire. The tree needles were dry and barely attached, and with no more than a sigh and a burst of fire they seemed to simply disappear, the bright flames leaving behind only a black, negative skeleton of wood. I got out and went to stand closer to the fire, as though I wanted to warm myself by the flames. Through eyes still drowsy or even dreamy with sleep I saw how a couple of Rotterdam's own concluded yet another year's Christmas: with a bonfire, held without much ceremony on a weekday morning.

We got to talking. One of them had once come upon the lot when his car had broken down here on a through-trip. They could get me to an Internet connection: a bit farther up was an office park and there, one of the more poetically inclined men said, the networks and the information must be – his gloved hands gesticulated – shooting round in every direction.

He was right. It was surprising with how little urging the secretary could be convinced to give me access to a computer, and thus to the world wide web. She was stationed at reception inside one of the office buildings that lay scattered across the rustling landscape of small bluffs, streams, boulders and moss, all rendered in technicolor. To ask for a temporary connection to the Internet was, it seemed, something like a twenty-first-

vermoedde, in een van de cirkels rond de stad lag. De enige aanwijzing om die plek als parkeerzone te beschouwen was het rooster van witte lijnen dat als krijtstrepen op het zwarte asfalt langs kleine donkergroene struiken geschilderd was: tekens met een maatschappelijk afgesproken betekenis, maar ook tekens waarvan de betekenis zeer zelden bewezen werd – behalve door de aanwezigheid van mij en mijn auto. Was het dan dat wat ik hier kwam doen: bewijzen dat bedoelingen goed geweest waren, mensen op het goede spoor, levens onwillekeurig en plannen gerechtvaardigd?

Mijn auto, een Volkswagen Golf uit het begin van de jaren negentig, had geen gesofistikeerd positioneringssysteem; ik had het gebruik van een gsm opgegeven omdat ik schrik had gekregen van de willekeur waarmee het toestel mij, overal waar ik was, tot de orde leek te roepen; een langs de rechterkant ingescheurde wegenkaart was het enige dat mij van dienst was geweest tijdens mijn trip – en dat mij nog van dienst zou kunnen zijn. Ik had voor mijn vertrek een onhandig bericht naar het emailadres van Sarah West gestuurd waarin ik haar zo kort en tegelijkertijd zo omzichtig mogelijk probeerde uit te leggen wat er aan de hand was. Ik zou, zo schreef ik haar, de volgende dag al in Rotterdam zijn. Ik zou er voor onbepaalde tijd blijven: zij kon me melden wanneer en waar ze mij, in plaats van Rudolf, wou ontmoeten.

Toen pas, op dat parkeerterrein, besefte ik hoe onpraktisch die regeling was. Wij denken dat de technologie tot onze beschikking staat en door onze verlangens in het leven is geroepen, tot op het moment dat onze levenspatronen zich wijzigen en tot wanneer blijkt dat wij het zijn die in de pas lopen van de verlangens van de

century version of asking to use the facilities: a request no sane person could deny.

There were few new messages for me, but there was one from Sarah. The news, she wrote, has made me intensely sad and has made the sense of guilt for my lengthy silence all the more acute. It's too late now, I am well aware, but probably it was already too late even before Rudolf began his search. The only possible grounds for our meeting are commemoration, and concession to our own consciences and the future they will shape. She was prepared, she continued, to move up her trip, and could meet me from January tenth. This date – the very date of the morning I read her message – was when she would be coming by train from Germany, where she had spent the holidays with family. She suggested that I come to meet her at the station. Should her message not reach me in time, there was no need to worry: she was staying in the city centre for a few days anyway to look up old friends and take care of unfinished business.

I saw that I had exactly one half hour to get from the office park to the station. I hardly knew whether this was possible. Racking up traffic violations as I drove, filled with an almost romantically-tinged tension, I finally parked the car along the back of Rotterdam Central Station. As the single individual standing motionless in the arrival hall, I was able to pick Sarah out of the writhing mass of people that, as always, seemed comprised of hundreds of extras whose task it was to fill the visible world with activity. All these people, she said once I had introduced myself, there seem to be more and more of them.

technologie. Door zelf ook aan een perifere pelgrimage te beginnen, naar het voorbeeld van Rudolf en Dirk, had ik mezelf de toegang tot – bijvoorbeeld – het internet ontzegd. Waar kon ik hier het bericht van Sarah West opvangen?

Bij gebrek aan een antwoord op die vraag moet ik in slaap gevallen zijn. Ik sliep onrustig omdat het rondom mij volstrekt stil bleef. Alleen het zich ontspannende mechaniek van de auto veroorzaakte zo nu en dan geluid. Tegen de ochtend werd mijn slaap vaster en werden mijn dromen van dien aard dat ik ze me later nog kon herinneren. Ik lag in de auto en vanuit een vogelperspectief kon ik zien hoe het voertuig, langs tegenovergestelde zijden, benaderd werd door Rudolf (links) en door ddd (rechts). Toen kantelde het perspectief zodat ik frontaal op de neus van de auto neerkeek – die schijnbaar leeg was – en (ditmaal) links niet langer ddd maar mezelf zag staan, terwijl rechts Rudolf Max stond te grijnzen. Ik, of de figuur die voor mij moest doorgaan, haalde een jerrycan tevoorschijn en goot de inhoud uit over het dak van de wagen, waarna Rudolf de vlam zette in wat hoogstwaarschijnlijk benzine moest zijn. Tot mijn afgrijzen werd ik toen inderdaad gewekt door het geluid van knisperende vlammen. Het vuur, zo zag ik toen ik voorzichtig vanuit mijn liggende positie door het raam naar buiten keek, brandde enkele tientallen meters verderop in een uithoek van de parkeerplaats. Het was aangestoken en het werd ook onderhouden door enkele mannen. Vanuit een kleine vrachtwagen sleepten ze telkens nieuwe kerstbomen naar het vuur, waarvan de verdroogde en vaak al niet meer stevig vasthangende naalden keer op keer met een zucht en een steekvlam simpelweg als een spook

She suggested driving to a quiet theatre café in the suburbs. I could not say whether it was shyness that stilled us during the car ride away from the heart of Rotterdam. More likely it was the impression that it made on Sarah of seeing familiar places – the myriad places tying ddd's amputated life to hers – in the multicolored and objectionable chain link of human industry: of waterfronts, tankers, land reclamation, Brainparks, spots to hang out, theatres, water systems, arcades, community centers, club houses, façades, neighborhoods, parks, shopping centers, shooting ranges, squares, power stations, rest homes, residential high-rises, train tracks, sound barriers, harbor zones, waste dumps, garages, flats, football fields, motorways and farms that ultimately serve, like a vanishing point, to lend even cloud clusters a mathematical alignment. Quiet and subdued, brittle and, despite the warmth in the car, ensconced in various layers of dark material, Sarah sat beside me and gazed out through the window as she pointed the way.

Inside the theatre building, separated from the outside world by no more than a glass curtain wall, stood a house, a wooden house whose interior functioned as scene, wings and gallery. Through an open doorway I saw several actors rehearsing a play, observed and critiqued by a director who was determined, come what may, to guide the work into becoming what he envisioned. Once we were seated at a table, his directions drifted our way now and then, the voice raised and frequently given with a tone of scarcely concealed irritation.

Sarah's eyes crossed mine several times before she began

wanneer het licht wordt ontstoken verdwenen, zodat in het op-
lichtende vuur slechts een zwart, negatief houtskelet achterbleef.
Ik stapte uit en ging dichter bij het vuur staan, alsof ik me aan de
vlammen wou warmen. Mijn slaperige of zelfs nog dromerige ogen
keken toe hoe een paar Rotterdammers het kerstfeest voor een
jaar weer besloten, met een vreugdevuur dat zonder al te veel luis-
ter op een doordeweekse ochtend werd gehouden.

Ik raakte met hen aan de praat. Een van hen had de parking
ontdekt toen zijn auto pech had op een doortocht. Ze konden me
aan een internetconnectie helpen: verderop was er een kantoorpark
en daar moesten de netwerken en de informatie, zo zei een van de
meer poëtisch ingestelde mannen, gesticulerend met zijn gehand-
schoende vingers, elkaar rond de oren vliegen.

Dat bleek te kloppen. Het was verbazend hoe weinig aan-
dringen het vereiste om de secretaresse over te halen mij toegang
te geven tot een computer en dus tot het wereldwijde web. Ze zat
achter een van de kantoorgebouwen, die verspreid stonden in een
ruisend landschap van oevers, beekjes, rotsen en mos, dat samengesteld was uit scherpe kleuren. Het leek wel alsof het vragen naar
een tijdelijke connectie met het internet, een eenentwintigste-
eeuwse variant was van de vraag om het sanitair te mogen gebrui-
ken: het was iets dat geen zinnig mens je kon weigeren.

Veel nieuwe berichten had ik niet, maar wel een antwoord
van Sarah. Het nieuws, zo schreef ze, heeft mij zeer droevig gemaakt en mijn schuldgevoel over mijn langdurig zwijgen is alleen
maar groter geworden. Het is te laat, en dat besef ik, maar het was
waarschijnlijk al te laat nog voor er van de zoektocht van Rudolf

speaking, matter-of-factly, but with an undeniable need to be able to talk finally, though it clearly cost her some effort and frequently her voice failed to rise above the surrounding din.

DDD, she said, loved this place, just like he loved every place just outside of Rotterdam – that is to say, just outside what is generally designated as Rotterdam. We came here often – together – on our days off, to chat or to walk. I know it is strange, certainly for me and perhaps even more so for you, that I am about to describe the most significant event in my life. Yet has there ever been anyone who has taken even the least amount of trouble to prevent the consequences of that event? Not me, and not the few friends and family members with whom Dirk kept in touch. I've made myself keep silent for years, a silence that endured thanks to my not living on the Continent, to the barrier of the ocean; a silence that, with time, seemed to me the safest course, with the existence and activities of Rudolf Max. It may be a typically female characteristic to hide feelings of shame under arguments that hinge on the existence and actions of others. I don't know. But maybe each instance of silence, and certainly not only for women, arises out of a perception of futility and that the situation cannot be helped, not for or by me and even less for or by Dirk – secretly I have been convinced of that all this time, without actually daring to admit it to either myself or Rudolf.

We were happy, said Sarah, ddd and I, and that created a tremendous energy, an energy that I feel even now on certain days, in small but glorious traces, though they are of little use to me.

sprake was. Onze ontmoeting kan dan ook alleen plaatsvinden als een dienst aan herinneringen en als een tegemoetkoming aan onze eigen gewetens en de daarmee verbonden toekomstmoge-lijkheden. Zij was bereid, zo schreef ze verder, om haar overkomst te bespoedigen en kon mij ontmoeten vanaf 10 januari. Die dag – de dag waarop ik dus 's ochtends haar bericht las – zou ze met de trein uit Duitsland komen, waar ze met haar familie de feestdagen had doorgebracht. Ze stelde voor dat ik haar kwam afhalen van het station. Mocht haar bericht mij niet tijdig bereiken, dan was dat geen ramp: ze verbleef toch enkele dagen in de binnenstad, om oude vrienden op te zoeken en om andere openstaande zaken te regelen.

Ik zag dat ik nog welgeteld een half uur had om vanuit dat kantoorpark het station te bereiken. Ik wist niet of dat haalbaar was. Na een rit vol verkeersovertredingen, opgeladen met een bijna romantische spanning, parkeerde ik de auto aan de achterkant van Rotterdam Centraal. Omdat zij de enige was die stilstond in de aankomsthal, kon ik Sarah identificeren in de krioelende mensen-massa, die altijd weer uit honderden figuranten lijkt te bestaan wiens taak het is de visuele wereld op te vullen met beweging. Al die mensen, zei ze, nadat ik me aan haar had voorgesteld, het lijken er steeds meer te worden.

Ze stelde voor om naar een rustig theatercafé in de buiten-gebieden te rijden. Ik weet niet of het de verlegenheid was die ons zwijgzaam maakte tijdens de autorit, weg van de kern van Rotter-dam. Misschien was het eerder de indruk die het terugzien van al die plekken op Sarah maakte – al die plekken die haar met dat

Lips pursed, she took a drink of the just-arrived tea, but unwisely, since the water was still much too hot. She swallowed, and along her long and nearly bare neck slid a downward pulse.

Of course you want to know where he is, she stated, you want to know what happened, and what it is that caused first Rudolf and now you to be burdened with that wanting. That too is something I don't know; it may be that that wanting is a typically male characteristic.

She smiled, a mischievous glint lighting her eyes.

The last time I saw ddd was in a place that's not so very far from here. It was a Saturday afternoon and the Rotterdam fire brigade was holding a large-scale drill, which the public can come to watch in the same way as Queen's Day exhibitions of the elite troops, from stands along the quay. Small airplanes landed on the water and guzzled it up, then flew back overhead to send huge curtains of water cascading through the air, completely obliterating our view of the surrounding area, full as it is. The day was overcast and at times it seemed that the entire world was drenched with water: the water of the Maas below, fierce and falling fog in the air and emptied or emptying clouds in the sky. It was impossible for the public to keep dry, and after a while our clothes got clammy and stuck to our skin. Not the most opportune of moments, in hindsight – then again, maybe it was – but does anyone choose those moments on which his or her life comes to hinge? I had become pregnant in the spring of that year and, without giving it any further thought or even

afgebroken leven met ddd verbonden – die veelkleurige en hinderlijke aaneenschakeling van menselijke maaksels, van waterfronten, tankers, landwinningsgebieden, breinparken, hangplekken, theaters, watersystemen, arcades, buurtcentra, clubhuizen, façades, wijken, parken, shopping malls, shooting ranges, pleinen, energiecentrales, bejaardentehuizen, woontorens, treinsporen, geluidsmuren, havengebieden, vuilnisbelten, garages, flats, voetbalvelden, snelwegen en boerderijen, die er uiteindelijk, als in een nulpunt, zelfs in slagen om een groep wolken een mathematische vormgeving aan te meten. Stil en onder de indruk, breekbaar en zelfs in de warme auto ingepakt in allerlei donkere lagen textiel zat Sarah naast mij en keek door het raampje naar buiten, terwijl ze me de weg wees.

In het interieur van het theatergebouw dat slechts met een glazen vliesgevel van de buitenwereld was afgesloten stond een huis, een houten huis waarvan het interieur dienstdeed als scène, coulissen en tribune. Door de openstaande deur zag ik hoe enkele acteurs een stuk repeteerden, gadegeslagen en becommentarieerd door de regisseur, die zo goed en zo kwaad als het kon de totstandkoming van het toekomstbeeld dat hij zich van het stuk had gemaakt in goede banen probeerde te leiden. Nadat we plaatsnamen aan een tafeltje waaiden ons nu en dan regieaanwijzingen tegemoet, met luide stem, en vaak uitgesproken met een nauwelijks verholen toon van ergernis.

Sarahs ogen haakten zich kort een aantal keren in de mijne en toen begon ze te spreken, zonder omhaal maar met een ontegensprekelijk verlangen om eindelijk te praten, hoewel het haar

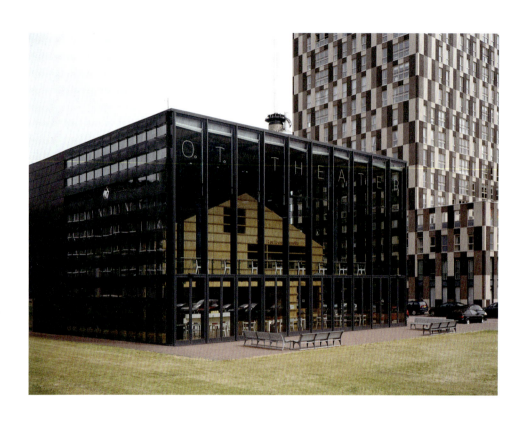

mentioning a single word about it to Dirk I had… I had gotten rid of it. It seemed so inappropriate, so unjust; me with a child – me – I was much older then that now, or now I'm much younger or have fewer plans at least, fewer certainties, am more willing to leave things as they are, as they happen to me. Dirk knew nothing, nothing at all, and I don't know why it was then, on that dripping afternoon, that I told him. It didn't seem important, it seemed a *fait divers*, a done deal; as if I had, say, run into an old friend at the baker's some morning and was giving a quick up-date.

Of course I'd blundered, she resumed, following a brief pause in which a blush shaded her skin a few degrees darker. But I didn't realize that until after I'd told him, in the same way that we can never know the scope of something until we see how the future or the world acts in response, until we see our private little plans thrown up in the presence of others' awareness. Dirk lost it pretty quickly, though the fact that there were other people around checked his reaction to some extent. He got up to leave the stand, forcing people to jump up and make way for him in the aisle and on the stairway down. I was dumbfounded and didn't follow straight away, giving myself some time, perhaps, to turn the matter over, to see it obliquely through his eyes. When, after that, I thought to catch up with him up at the bottom of the stands, a water airplane flew over: I still don't know whether it was an accident or that it was an irresponsible pilot playing a stupid joke, but suddenly there was a curtain of water splitting the stand in two, like an axe, which brought me abruptly to my

duidelijk moeite kostte, en haar stem vaak niet boven de geluiden van de omgeving uitkwam.

DDD, zei ze, hield van deze plek, zoals hij van alle plekken net buiten Rotterdam hield – of alleszins net buiten de zone die gewoonlijk als Rotterdam wordt aangeduid. We kwamen hier vaak, samen, op vrije dagen, om te praten of te wandelen. Ik weet dat het vreemd is, zowel voor mij en misschien nog meer voor u, dat ik op het punt sta te vertellen over de belangrijkste gebeurtenis in mijn leven. Maar is er dan iemand die zich ooit enigszins heeft verzet tegen de gevolgen van die gebeurtenis? Ikzelf al helemaal niet, en de weinige vrienden of familieleden waarmee Dirk nog contacten onderhield, ook niet. Zelf heb ik er ook jarenlang het zwijgen toegedaan, een zwijgen dat bestendigd werd door mijn afwezigheid op het continent, door de tussenkomst van een oceaan, een zwijgen dat voor mezelf na verloop van tijd verantwoord werd met het bestaan en de activiteiten van Rudolf Max. Misschien is het een typisch vrouwelijke eigenschap om schuldgevoelens te bedekken onder argumenten die samenvallen met het bestaan en de bezigheden van anderen. Ik weet het niet. Maar misschien komt elk zwijgen, en heus niet enkel dat van vrouwen, voort uit een besef van vergeefsheid – en dat de situatie niet verholpen kon worden, niet voor of door mij en al zeker niet voor of door Dirk, daar ben ik al die tijd stilletjes van overtuigd geweest, zonder het aan mezelf of aan Rudolf te durven toegeven.

Wij waren gelukkig, zei Sarah, ddd en ik, en het bracht een geweldige energie met zich mee, een energie waarvan ik nu nog,

feet. By the time all the water had changed to mist, evaporated or fallen, and everyone around was soaked through, Dirk had already gotten to the exit and disappeared.

Since he left in the car, Sarah said, I had to return on foot and by metro, and when I arrived home I saw that he had preceded me. The things he had taken didn't amount to much, but he left his ring of keys on the kitchen table. I waited two days and two nights for him, increasingly persuaded of my error and my own terrible misjudgment, yet I don't know what it is that brought me to leave, or which reason could have been foremost: the realization that he would never return or the awareness of what I had done. Do we judge our plans on the basis of our own conclusions or on the basis of the consequences those plans will have for others?

Our conversation went on for a bit longer, but it was clear that it had come, by degrees, to its end – both of us overcome by a strange and alternating mixture of awe, shame and sorrow, leading our talk to centre mostly on Rudolf, his accident, his search and what it might have achieved. We were released when our waiter came to inform us that the café was closing for interior readjustments, in preparation for the performance that was planned for later that evening.

Carefully, her right hand positioned over the fold of her coat, Sarah rose, and together we walked towards the exit and out to the car park. I drove her back to the city centre, and once again we passed mutely by those ever-changing series of places, reduced to a sequence of snapshots through the windows of the car.

op sommige dagen, de kleine maar grootse restanten kan voelen, evenwel zonder dat ik er veel mee kan aanvangen.

Ze dronk met getuite lippen van haar pas geserveerde thee, tegen beter weten in, want het water was nog veel te warm. Ze slikte, en door haar lange, grotendeels onbedekte hals trok een neerwaartse beweging.

U wilt natuurlijk weten waar hij is, zei ze stellig, u wilt weten wat er gebeurd is, en wat het toch geweest zou kunnen zijn dat eerst Rudolf en daarna ook uzelf met dat verlangen heeft opgezadeld. Ook dat weet ik niet, misschien is dat verlangen dan weer iets typisch mannelijks. Ze glimlachte, en er verscheen een ondeugende glans in haar ogen.

De laatste keer dat ik ddd heb gezien was op een plaats niet eens zo ver hier vandaan. Het was op een zaterdagmiddag, de brandweer van Rotterdam hield een grootschalige oefening, die als het etaleren van de keurtroepen op Koninginnedag door het publiek kon worden bijgewoond vanaf een tribune langs de kade. Kleine vliegtuigjes landden op het water en vulden zich gulzig, waarna ze opstegen en vervolgens vanuit de lucht gigantische watergordijnen uitspreidden die de volle omgeving volledig aan het zicht onttrokken. Het was een bewolkte dag, zodat op bepaalde momenten de hele wereld vol met water leek te hangen: water van de Maas beneden, woeste en vallende nevels in de lucht, en verdampte of verdampende wolken aan de hemel. Het was voor het publiek onmogelijk om droog te blijven en na verloop van tijd kleefden onze kleren klam tegen onze huid aan. Achteraf gezien waren er betere momenten denkbaar geweest, of misschien net

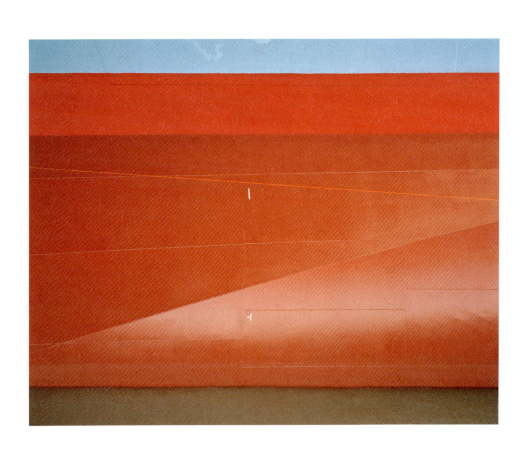

I am uncertain whether I got lost along the way. We had come to a remote corner of the harbor, to an area that, until recently, had still been wholly submerged in water, but that now raised a spur from the sea. Seeing this, Sarah asked me to stop. She got out and, with her back turned to me and her face to the landscape, stared out before her, inhaling and exhaling deeply.

Looking at the land reclamation zone over her shoulder, I speculated on how such work unfolded and whether the process could be likened to the experience of an explorer at that exact moment of hearing, from high up in the crow's nest, a sailor crying out: land, land…! But this was not discovery – this was production with a well-weighed objective, with a precision bordering on science, answering to a pre-gauged, quantitatively described demand. It had snowed hard over the past few days, and some of that snow remained, lying mostly on the flanks of low hills. Elsewhere the water had collected in silver-hued, elongated puddles, so that a battle of opposites was being waged at close quarters – between water from the sea that threatened to disappear underground, and crystallized rainwater that – as superstition would have it – was waiting for more snow. Above this concentrated summary of the cycles of water, however, the sun shone bright and with an insistence unusual for the time of year, as though in the heavens it had already turned to spring. So it seemed that the sun would win, that the remaining water would evaporate and the snow would melt, and thus the land dry up – thereby becoming true *land* for the first time, and that here, too, human activity could lay its claim.

niet, maar wie kiest ooit de momenten waarrond zijn of haar leven scharnieren? Ik was in de lente van dat jaar zwanger geraakt en zonder er bij stil te staan, ook zonder er met één woord met Dirk over te spreken had ik het – had ik het laten weghalen. Het leek zo ongepast, zo onterecht, een kind, ik, ik was toen veel ouder dan nu, of nu ben ik veel jonger, of alleszins met minder plannen, minder zekerheden, meer bereidheid om de dingen te laten zoals ze zijn, zoals ze me overkomen. Dirk wist niks, helemaal niks, en ik weet ook niet waarom ik het hem toen, tijdens die vochtige middag, gezegd heb. Het leek niet belangrijk, het leek een *fait divers*, een gedane zaak, alsof ik die ochtend bij de bakker een oude kennis had ontmoet en hem daar even van op de hoogte bracht.

Dat was natuurlijk fout, ging ze verder, na een korte pauze waarin haar teint met een paar graden donkerder was geworden. Maar dat wist ik pas toen ik het hem zei, zoals wij nooit de draagwijdte van iets kunnen kennen zonder de reactie van de toekomst of van de wereld te zien, zonder onze kleine besloten plannetjes verbeeld te zien worden in de aanwezigheid van het besef ervan bij anderen. Dirk raakte al snel buiten zinnen, hoewel de aanwezigheid van al die andere mensen dat enigszins belemmerde. Hij stond op om de tribune te verlaten, en verplichtte mensen snel om plaats te maken in het gangpad en op de trappen naar beneden. Ik ben hem niet meteen gevolgd, verbouwereerd, mezelf de tijd gunnend, misschien, om ook de kanteling toe te laten, om de zaak schuin te bezien door zijn ogen. Toen ik daarna op het punt stond hem in te halen, helemaal onderaan en halverwege de tribune, vloog er een watervliegtuigje over en ik weet nog steeds niet of het

—

Since parting ways with Sarah that evening I have remained in Rotterdam and have, so I picture it sometimes, driven in circles that trace round her and round the centre. On holiday.

In a shopping centre that I happened to come across one evening I buy plastic-wrapped sandwiches every several days. The man behind the counter recognizes me by now; we exchange a few friendly words, though his knowledge of Dutch or any other Western language does not seem very extensive and I have been graced with a rather strange accent. The shops are gathered around a rectangular courtyard, and this courtyard is covered at every few meters by an extended canopy supported on poles, which links one row of shop fronts with another. The shop owner, his eyelids heavy and dark and all but closed, hands me my change, and I wonder if, just this once, I will tell him more than the mere commonplaces that are token to transactions. In the end, I do not.

I have literally returned to walk in Rudolf's shoes.

I had the address of the place he stayed, with the woman who rented rooms while taking care of her anxious father, as Rudolf had posted a letter or card from there on several occasions. This was not the first time that I stood on the verge of quitting my own life in order to walk in the footsteps of another, or that I tried to persuade myself I could finish something that someone else had begun. But where would I pick up, how would it unfold, to whom should I speak?

per ongeluk was of dat het om een flauwe grap ging van een on-
verantwoorde piloot, maar er richtte zich plots een watergordijn
op, dat de tribune als een bijl in tweeën spleet en mij abrupt tot
staan bracht. Toen het water weer helemaal verdampt of gevallen
was en alle aanwezigen doorweekt waren had Dirk de uitgang al
bereikt en was hij verdwenen.

Omdat hij vertrokken was met de auto, zei Sarah, moest ik
te voet en met de metro naar huis en toen ik thuiskwam zag ik dat
hij me al voor was geweest. Veel spullen had hij niet meegenomen,
maar hij had zijn sleutelbos op de keukentafel gelegd. Ik heb twee
dagen en twee nachten op hem gewacht, steeds meer overtuigd
van mijn ongelijk en mijn gruwelijke vergissing en ik weet niet wat
het was dat mij heeft doen vertrekken, of wat daartoe de beste reden had kunnen zijn: het besef dat hij nooit terug zou keren, of het
besef van wat ik had gedaan. Oordelen wij over onze plannen op
grond van een mening die we zelf vormen, of op grond van het
gevolg van die plannen voor anderen?

Ons gesprek zette zich nog een tijdje verder, maar het was
duidelijk dat het stilaan was afgelopen, overmand als we beiden
waren door een vreemde en wisselende mengeling van ontzag,
schaamte en spijt, zodat we voornamelijk nog over Rudolf praat-
ten, en zijn ongeval, zijn zoektocht en wat er van terecht had of
zou kunnen komen. Totdat, als een verlossing, de ober ons kwam
melden dat de cafetaria ging sluiten, omdat er wijzigingen in het
interieur moesten aangebracht worden met het oog op de op stapel
staande voorstelling later die avond.

Voorzichtig, haar rechterhand voor haar dichtgevouwen

Locating the residential complex was easier said than done. I parked the car and walked, as Rudolf had done, past the small houses along the quay. It was still daylight and I could make out every detail, whether in the distance or high up, in crystal clear definition. I was surprised at how large the homes were as, based on what Rudolf had said, I was expecting serialized, economized versions of working class cottages. The sign with room to let was nowhere to be found, not even after retracing my path back and forth along the row of façades several times. There was nothing else to do but return to the car, to the note-book rashly left behind, and look up the exact house number written on the back of one of Rudolf's letters to me. The woman who opened the door belonging to number 29 regarded me with rounded eyes and an expression of surprise. Never had she rented out rooms; in fact, with all the children she had, plus an-other on the way, she had too few rooms already. And while it was none of my business, sir, she did not have an anxious and withdrawn father either – her father ran a flourishing organic farm just beyond the perimeters of Deventer. The idea alone, of there being rooms to let in such a neighborhood as this, seemed to her highly improbable. The door shut before I had even had the chance to ask if she had perhaps only just recently moved in.

It did not signify. Possibly Rudolf had gotten the address number wrong and had been staying in a different house, whose occupant had, after his departure, decided to sign off on the hos-pitality scheme after all: it had not quite lived up to expectations.

jas, stond Sarah op en samen liepen we naar de uitgang en naar de parkeerplaats. Ik bracht haar met de auto terug naar het centrum, en opnieuw reden wij zwijgend voorbij die altijd wisselende reeks van plekken die door de raampjes van de auto telkens tot foto's werden gereduceerd.

Ik weet niet zeker of ik ondertussen was verdwaald. We waren in de uithoek van de haven beland, in een gebied dat tot voor kort nog volledig door water was toegedekt geweest, maar dat nu op een uitloper van de zee was gewonnen. Toen Sarah dat zag vroeg ze me of ik even wou stoppen. Ze stapte uit en, met haar rug naar mij toe en haar gezicht naar het landschap, keek ze voor zich uit terwijl ze diep in- en uit ademde.

Ik vroeg me af, toen ik het landwinningsgebied nader bekeek over haar schouder, hoe die ontwikkeling in zijn werk ging en of het proces vergelijkbaar was met wat ontdekkingsreizigers over-kwam op het moment dat ze hoog vanuit een kraaiennest een ma-troos land, land…! hoorden schreeuwen. Maar hier werd niets meer ontdekt – hier werd iets gemaakt, met een welbepaald doel voor ogen, met een aan wetenschappelijkheid grenzende precisie, beantwoordend aan een vooraf uitgemeten, kwantitatief omschre-ven verlangen. Het had de dagen voordien flink gesneeuwd en een gedeelte van die sneeuw was blijven liggen, voornamelijk op de flanken van kleine hellingen. Elders stond het water in zilverkleu-rige, langgerekte plassen zodat er, vlak bij elkaar, een tegengestelde strijd werd geleverd; tussen water uit de zee dat in de grond dreigde te verdwijnen en tussen gekristalliseerd regenwater dat, zoals een volksgeloof het wil, wachtte op nog meer sneeuw. Maar boven

This was even likely, with a guest like Rudolf. I could hardly go knocking on every single door.

A car ride brought me to the apartment building works site near the ball courts that Rudolf had described in such detail. Two girls were playing tennis, and I watched them from one of the many benches, until they, in turn, began looking at me so often that their game started to suffer.

I continued walking throughout the remaining afternoon; an uneventful afternoon in which I was unable to stop my thoughts from drifting off on their own course. Towards sundown I reached another building complex that Rudolf had described, and found myself shocked straight back into reality. The conglomerate of buildings matched perfectly the picture that Rudolf's account had created in my mind's eye. Yet what struck me in the building's appearance, like two eyes burning through the darkness, was the double, white, irregularly rust-flaked flag poles anchored along either end of the building's top level, which were constructed in the form of a rectangular trapezium. Could it be that Rudolf had not noticed those masts? Or had they not been put there until after his departure? What made the flag poles particularly noticeable was not so much the lack of flags as the fact that I could not, by any stretch of the imagination, even picture the *possibility* of flags hanging underneath those small, rounded spheres at the top, nor of any ever having done so. What person could awaken each morning with the steadfast intention and absolute authority to raise two flags? Moreover, what emblem should the flags bear? What sentiment should their fluttering

deze geconcentreerde samenvatting van de cyclus van het water, scheen de zon, scherp en abnormaal hard voor de tijd van het jaar, alsof in de hemel de lente alvast was aangebroken. Zo zag het er naar uit dat de zon zou winnen en het resterende water zou verdampen en de sneeuw zou smelten zodat het land droog werd, en voor het eerst echt *land* werd, en ook hier de menselijke bedrijvigheid haar beslag kon nemen.

—

Sinds ik die avond afscheid heb genomen van Sarah, ben ik in Rotterdam gebleven, en – zo stel ik het me soms voor – heb ik in cirkels rond haar en rond het centrum gereden. Op vakantie.

In een winkelcentrum, dat ik op een avond als bij toeval heb ontdekt, koop ik om de zoveel dagen in plastic verpakte sandwiches. De man achter de toonbank kent me ondertussen, we wisselen steeds enkele vriendelijke woorden uit, hoewel zijn kennis van het Nederlands of van enige andere westerse taal niet ver lijkt te reiken en ik met een nogal vreemd accent ben gezegend. De winkels staan hier rond een rechthoekige binnenplaats bij elkaar en die binnenplaats wordt om de zoveel meter overhuifd door een langwerpig afdak dat op palen rust en de ene gevelrij met de andere verbindt. De winkelier, met zware donkere oogleden die net niet lijken dicht te vallen, reikt me mijn wisselgeld aan en ik vraag me af of ik hem, voor één keer, meer zou vertellen dan enkel de gemeenplaatsen die met transacties gepaard gaan. Ik doe het uiteindelijk niet.

rouse in those craning their necks to look up from below or peering through windows at the wind-stirred cloth? Pride? Contentment? Passion? Solidarity? Rage? Combativeness? Fear? Joy?

I resumed walking, keeping close to the building façade with a bicycle path to my right and befuddled trees that had only just – far too late in the year – shed their leaves. As I continued towards the spot where the building complex seemed to come to a dead end, I was suddenly beset by a vague awareness that actually gave me gooseflesh: this place where I was walking, just as Rudolf had done and probably ddd before him, was not external but *internal*; walking in the unmitigated absence of people, in their incapacity to leave their homes, in the emptiness of what had, once, been their pubic domain, I was a spectral, senseless tourist, moving through the outside world as though it were an interior, wherein the walls of all the houses behind which people had hid were nothing less than the boundaries of my very own abode, a residence to be shared in temporal terms only with such souls as ddd and Rudolf Max. I looked to the heavens, which seemed to fluoresce like a gas boiler stirred by a playful wind, and for the space of several seconds I experienced a maddening longing to leave this outside interior, in other words to be free; free in the open air to which – constrained by this state of complete inversion – I could only gain access via entry into one of the multitude of homes.

My thoughts did not return to the realm of normalcy until my car came to another square, this one furnished with a bike rack, a green container cut open like a tin of vegetables, a well-

129

Ik ben letterlijk op de stappen van Rudolf teruggekeerd.

In kende zijn verblijfsadres, bij de vrouw die kamers verhuurde terwijl ze de zorg voor haar angstige vader op zich nam, omdat hij daar meermaals een brief of een kaartje had geschreven. Het was niet de eerste keer dat ik op het punt stond mijn leven op te schorten door in andermans voetstappen te treden, of door mezelf wijs te maken dat ik iets af kon maken wat een ander begonnen was. Maar waar zou ik beginnen, hoe zou het verlopen, met wie zou ik spreken?

Het bleek niet makkelijk om dat woningcomplex terug te vinden. Ik parkeerde de auto en liep, zoals ook Rudolf had gedaan, voorbij de kleine huisjes langs de kade. Het was nog klaarlichte dag en ik kon elk detail, in de verte en de hoogte, haarscherp onderscheiden. Het viel me op hoe groot de huisjes waren, terwijl ik me, op basis van wat Rudolf had verteld, instelde op geserialiseerde en vereconomiseerde versies van beluikwoningen. Een bord met kamer te huur vond ik niet terug, zelfs niet nadat ik verschillende keren heen en weer had gelopen langs de gevelrij. Er zat niets anders op dan terug te keren naar de auto om in het schrift, dat ik voorbarig had achtergelaten, het precieze huisnummer op te zoeken op de achterkant van een van de brieven die Rudolf me had gestuurd. De vrouw die de met het nummer 29 corresponderende voordeur open maakte, keek me verbaasd en met grote ogen aan. Zij had nooit kamers verhuurd – ze had er, met al haar kinderen en nog eentje op komst, zelfs te weinig. En hoewel het mijn zaken niet waren, meneer, een angstige en teruggetrokken vader had zij ook niet – haar vader voerde een florerende bioboerderij in de rand

worn gray skateboarding ramp and a few cars, one of them a shade of yellow every bit as bright as a Dutch number plate.

I sat down inside the former container, inside which several metal crosspieces hanging along the remaining walls served as benches. Only my legs stretched out of reach of the shadows, while my torso and head leaned back, supported against what had once been a means of transporting goods.

How could it be that no one ventured outside, that there was no one whom I could ask about ddd or Rudolf? I considered how, despite everything, I could see legitimacy in this preference; it even seemed entirely pointless to actually come outside at all. The narratives that we have passed around over the course of the twentieth century, the art, the urban planning theories, the films, the photographs, the television reports, the newspaper articles, the news reports, the *bad endings* and *timings*, have heaped up like frozen-over snow after a storm and now everyone has found themselves *under fifteen feet of pure white snow*, with doors that could not be opened even if we actually wanted to open them. And why would we want to, if it is truly the case that every-one has all the best of the best within easy reach inside, and can go on living safely, warmly and securely via central heating, wire-less networks, gas cookers, microwave ovens, telephones, alarm systems, digital televisions, virtual reality, game consoles, porno-graphic tools, television programs, e-bulletins, internet banking, internet shopping, forums, home pharmacies, encyclopedias, external hard drives, ipods, computer mice, digital dictionaries, dvd box sets and home cinemas? Ultimately these things had

rond Deventer. Het hele idee dat er in deze buurt kamers te huur zouden staan, leek haar onwaarschijnlijk. De deur draaide dicht nog voor ik kon vragen of zij daar misschien pas zeer recentelijk was komen wonen.

Het betekende niets. Misschien had Rudolf zich in het huisnummer vergist en had hij verbleven in een andere woning, waarvan de bewoonster na zijn vertrek toch maar had besloten het hospitaschap vaarwel te zeggen: het was toch niet wat zij zich er bij had voorgesteld. Dat was zelfs waarschijnlijk, met een gast als Rudolf. Ik kon bezwaarlijk bij iedereen aanbellen.

Na een rit met de auto kwam ik bij de in aanbouw zijnde appartementsgebouwen, bij het sportpleintje dat Rudolf zo gedetailleerd had beschreven. Twee meisjes speelden tennis en ik keek naar hen vanaf een van de vele bankjes, totdat zij op hun beurt zo vaak naar mij keken, dat hun spel er onder ging lijden.

De rest van de middag bleef ik stappen, zonder dat er iets voorviel en zonder dat ik mijn gedachten het afdwalen kon beletten. Toen ik tegen avond een ander gebouwencomplex bereikte dat Rudolf beschreven had, kwam ik met een schrikreactie weer in de realiteit terecht. Het conglomeraat van gebouwen beantwoordde volstrekt aan het beeld dat ik mij gevormd had op basis van de beschrijving van Rudolf. Wat mij echter trof aan het voorkomen van het gebouw, als twee gloeiende ogen in de duisternis, was een dubbele, witte, hier en daar roestig afbladderende vlaggenmast, verankerd langs de twee uiteinden van de bovenste basis van een van de rechthoekige trapezia waaruit het gebouw was samengesteld. Had Rudolf die stokken dan niet opgemerkt? Of waren ze

made everyone, or at least everyone availing of sufficient power to define themselves and a select group of others as important, better off.

I wondered why it is that people such as Rudolf and ddd and, as it would seem, myself also, though certainly not cheerful by nature, could not reconcile ourselves to this evolution, no matter the declarations and defenses regarding its efficacy. What's more, we even went wandering amidst what remained of the plans as their final spasms shuddered through the divided body of the Western world. Because what we might really want, in the end, was to be in our room by ourselves, like before, only now the room was linked and on par with thousands, millions, even billions of other rooms, meaning that we had become reliant on the fantastical, thoroughly planned yet often idling mirages of shared existence – in order that we, together only across time and in thought, could be comfortably left alone.

I was overwhelmed with a great longing for Sarah West. She, like me, was still in Rotterdam, and she had in no way rejected the possibility of our meeting one another again. Why was it that all of my questions for her had only materialized after her departure? And what conceivable reason would explain why, when it came to cities, plans and women, that men such as Rudolf and I always *adopted* them from others as though, when it came to the point, we did not trust our own ability to take a fresh initiative? I realized that hers was a role not to be underestimated, and that the other, so-called greater narratives served precisely to minimize her own devastating part; just as the role of that

pas geplaatst na zijn vertrek? Wat de vlaggenmasten des te opmerkelijker maakte, was niet zozeer dat de vlaggen ontbraken, als wel dat ik me met de beste wil van de wereld niet kon inbeelden dat er ooit onder de kleine, bolstaande topjes van de masten vlaggen zouden *kunnen* wapperen, of al ooit hadden gewapperd. Wie zou er 's ochtends kunnen ontwaken met het vaste voornemen en de absolute autoriteit om twee vlaggen te hijsen? En wat zou er dan wel op deze vlaggen afgebeeld moeten staan? Welk sentiment zou hun wapperende aanblik teweegbrengen bij al wie beneden met het hoofd in de nek of vanuit de raamopening toekeek op het door de wind beroerde textiel? Trots? Geluk? Ontroering? Opwinding? Saamhorigheid? Woede? Strijdlust? Angst? Vrolijkheid?

Toen ik, dicht tegen de ondergevel aan, met rechts van mij het fietspad en in de war geraakte bomen die nog maar pas, al te laat voor de tijd van het jaar, hun bladeren hadden laten vallen, verder wandelde in de richting waarin het gebouwencomplex leek dood te lopen – toen overviel mij een onzeker besef dat me niets minder dan kippenvel bezorgde: ik liep hier, net als Rudolf en voor hem zeker ook ddd, niet buiten maar *binnen*; door de ononderbroken afwezigheid van mensen, door hun onvermogen hun huizen te verlaten, door de leegte van wat ooit hun publieke domein was geweest, liep ik, schimmige, zinloze toerist, in de buitenwereld als in een interieur en de wanden van al de huizen waarachter de mensen zich verscholen waren niets minder dan de grenzen van mijn hoogst persoonlijke verblijfplaats, die ik slechts in de tijd moest delen met andere zielen zoals ddd en Rudolf Max. Ik keek naar de hemel die leek op te lichten als een gasboiler waarin de wind speelt,

unborn life that had been minimized both years ago and still today. I had become convinced, in the interim, that nothing other than a new pregnancy lay at the root of her decision to speak and was what had brought her to me – and taken her away again.

—

It turned out to be increasingly difficult to rediscover the places that Rudolf had described, or at least to identify them as such. Yesterday this succession of bewildering and also, in a certain way, frightening disappointments reached its climax at the site heralding, as it were, my first meeting with Rudolf: the site of the rest home, surrounded by silver birches to be sure, where at the beginning of the century ddd had assisted Mrs Sauvageot in her flight to her definitive apartment in Brussels. Having localized and arrived at that spot, I came upon the majestic row of trees, but where the home had once stood I saw only a dilapidated structure, fallen into disuse and carved out in sections by fire, that remained standing by virtue of an indestructible and entirely outsized cement skeleton. Across one of its blackened walls someone had spray-painted the slogan *Kilroy was here* in white blocked print, in a style that I believed to have been outmoded among graffiti artists since the eighties and the origins of which lay, I knew, in the practice of American shipyard steelworkers who authorize metal parts by means of those three words scribbled in white paint. Used in this way, the slogan spread throughout every place that the Americans were stationed during World War

en had, enkele seconden lang, het gekmakende verlangen om dit buiteninterieur te verlaten, om met andere woorden vrij te zijn, in de open lucht, waartoe ik, door de complete omkering die mij in haar macht hield, slechts toegang kon vinden door een van de vele huizen te betreden.

Mijn gedachten bereikten pas weer een door normaliteit beheerst domein, toen ik met de auto een ander pleintje bereikte, voorzien van een fietsenrek, een als een conservenblik opengesneden groene container, een grijze uitgesleten schans voor skaters, en enkele auto's, waaronder een knalgele, even geel als de Nederlandse nummerplaten.

Ik ging zitten in het inwendige van die voormalige container, waarin enkele metalen planken als zitbanken tegen de overgebleven wanden waren gehangen. Alleen mijn gestrekte benen vielen buiten het bereik van de schaduw, terwijl mijn bovenlijf en mijn hoofd steun zochten tegen wat ooit een transportmiddel voor goederen was geweest.

Hoe kwam het toch dat niemand naar buiten kwam, dat er niemand voorhanden was om naar ddd of Rudolf te vragen? Ik dacht eraan hoe legitiem ik ondanks alles die neiging kon vinden, hoe volstrekt onzinnig het zelfs leek om inderdaad nog naar buiten te komen. De verhalen die wij elkaar gedurende de twintigste eeuw hebben verteld, de kunst, de stedenbouwkundige theorieën, de films, de foto's, de televisiereportages, de krantenartikels, de nieuwsberichten, de *bad endings* en *timings*, hebben zich als sneeuw na een storm en de daarop volgende vorst voor de deuren opgestapeld en nu bevindt iedereen zich *under fifteen feet of pure white*

II, which will have led both Hitler and Stalin to great heights of paranoia – who *is* this Kilroy, they will have demanded on many an occasion, and also: I want him in for questioning ASAP!

Stooped and shuffling despondently along a path hemmed in by the trees was an old man, who assured me that the loss of this complex was anything but recent, and that it was indeed the case that a large number of old persons had found their last resting place here. To my question of exactly when the end had come, and why, he answered that it had certainly been within this century. When I pressed him further, asking whether he meant this century or the previous one, he became grouchy, warning me not to joke about his age. His sister had lived there, in any event, but never once during his daily visits to her small flat had he heard her mention anything about a lady from Brussels or about the discovery one morning of an eccentric tramp asleep in her bed. Having seen this man I could not help, afterwards, but see the face of Rudolf Max again before me, impassioned as he spoke, albeit with an unshakeable undertone of frustration, yet with lively eyes and determined that, with his recovery of ddd, he would have accomplished at least one meaningful, helpful, lasting, purposeful and, in every sense of the word, *good* deed – something that nothing and no one could ever diminish.

Today, just beyond the agglomeration of Rotterdam, and after a couple of hiccupping jolts, my car falls suddenly silent. I am only just able to maneuver it to the curb, and see that it has run out of fuel. Through the windshield before me I see spruces and pines marking the entrance to what might be a forest. After

snow en kan de deur niet meer open, zelfs als we die deur nog open zouden willen maken. En waarom zouden we willen, als echt iedereen eenmaal binnen het beste van het beste tot zijn beschikking heeft staan en zich veilig, warm en verzekerd in leven kan houden, middels centrale verwarming, draadloze netwerken, gasfornuizen, microgolfovens, telefoontoestellen, alarmsystemen, digitale televisies, *virtual reality*, spelconsoles, pornografische middelen, televisieshows, e-bulletins, pc-banking, internetshopping, fora, huisapotheken, encyclopedieën, externe harde schijven, iPods, muizen, digitale woordenboeken, dvd-boxen en homecinema's? Uiteindelijk was iedereen, of toch iedereen die macht genoeg had om zichzelf en een beperkt aantal anderen belangrijk te vinden, daardoor rijker geworden.

Ik vroeg me af hoe het kwam dat mensen als Rudolf en ddd en naar het zich liet aanzien ook ikzelf, hoewel zeker niet vrolijk van aard, zich niet konden neerleggen bij die evolutie, terwijl ze toch afdoend was te verklaren en te beargumenteren. Meer nog: wij gingen zelfs ronddwalen in de restanten van de plannen, die als laatste stuiptrekkingen door het gedeelde lijf van de westerse wereld waren getrokken. Want uiteindelijk wilden wij misschien weer alleen zijn, zoals voorheen op onze kamer, die nu gelinkt was en gelijkstond aan duizenden, miljoenen, ja zelfs miljarden andere kamers, zodat we aangewezen waren op de fantastische, planmatig tot stand gekomen, maar vaak doezelende fata morgana's van gedeeld leven – om op een troostende manier, slechts in de tijd en in gedachten samen met elkaar alleen te kunnen zijn.

Ik werd overvallen door een groot verlangen naar Sarah

some time passes without any prospect of a satisfactory solution or plan, a man approaches holding a dog on a leash. He stands still under the arch formed by the tree branches and unclasps the leash. The dog gives his owner one last look and then runs off up the path, into the darkness. Upon reaching the point where it is entirely alone amongst the dense greenery, so I imagine, it barks. Twice, thrice, and in rapid succession.

Christophe Van Gerrewey

West. Ze was, net als ik, nog in Rotterdam, en ze had de mogelijkheid dat wij elkaar nog konden ontmoeten zeker niet uitgesloten. Waarom waren al de vragen die ik haar wou stellen pas na haar vertrek ontstaan? En waarom was het toch dat mannen zoals Rudolf en ik altijd steden, plannen en vrouwen, als het ware *overnamen* van anderen, alsof we onszelf niet vertrouwden als het erop aan kwam een nieuw initiatief te nemen? Ik besefte dat haar rol niet onderschat kon worden, dat de andere, zogenaamd grotere verhalen precies dienden om haar verpletterende rol te minimaliseren, net als de rol van het ongeboren leven jaren terug én vandaag: ik was er ondertussen zeker van dat het niets anders dan een nieuwe zwangerschap was die haar had doen spreken en tot bij mij had gebracht – en weer weg.

—

Vaker en vaker is het moeilijk gebleken om de plaatsen uit het verslag van Rudolf, terug te vinden of als dusdanig te herkennen. Die reeks van verwarrende en op een manier ook beangstigende teleurstellingen vond gisteren een hoogtepunt op de plek die mijn eerste ontmoeting met Rudolf als het ware had ingeleid: het bejaardentehuis, inderdaad omgeven met hoge zilverberken, waar ddd aan het begin van de eeuw mevrouw Sauvageot had bijgestaan in de vlucht naar haar definitieve appartement in Brussel. Op de plaats waar ik die verblijfplaats had gesitueerd trof ik wel nog die machtige rij bomen aan, maar waar het onderkomen ooit had gestaan stond nu slechts een vervallen, in onbruik en voor een

gedeelte zelfs volledig uitgebrande constructie die overeind werd gehouden door een onverwoestbaar en overgedimensioneerd betonskelet. Op een van de zwartgeblakerde wanden had iemand met witte spuitverf en in drukletters de leuze *Kilroy was here* aangebracht, waarvan ik meende dat ze sinds de jaren tachtig in het milieu van graffitikunstenaars in onbruik was geraakt en waarvan ik wist dat ze origineerde in het gebruik van een Amerikaanse staalarbeider om op scheepswerven metalen onderdelen goed te keuren door die drie woorden in witte verf neer te krabbelen. Tijdens de Tweede Wereldoorlog raakte de leuze op die manier verspreid over alle gebieden waar de Amerikanen gelegerd waren, wat onder meer bij zowel Hitler als Stalin tot grootschalige paranoia zou hebben geleid – wie *is* die Kilroy, zouden ze meermaals gevraagd hebben, net als: ik wil hem zo snel mogelijk ondervragen!

Een oude man die voorovergebogen en mismoedig traag voortschuifelde langs het pad dat door de bomen werd afgezoomd verzekerde mij dat de teloorgang van het complex allesbehalve recent was en dat er inderdaad veel ouderlingen hun voorlaatste rustplaats hadden gevonden. Op mijn vraag wanneer en waarom dat dan precies afgelopen was, antwoordde de man dat het zeker nog in deze eeuw was geweest. Toen ik aandrong en vroeg of hij deze eeuw of de vorige bedoelde, werd de man humeurig en waarschuwde me geen grapjes te maken over zijn leeftijd. Zijn zus had er nog verbleven, maar tijdens zijn dagelijkse bezoeken aan haar kleine flat had hij nooit enig woord opgevangen over een Brusselse dame of over een zonderlinge landloper die op een ochtend slapend

in haar bed was aangetroffen. Ik kon niet anders dan het gezicht van Rudolf Max weer voor me zien, gepassioneerd pratend, met weliswaar steeds die treurige ondertoon van vergeefsheid maar met levendige ogen, vastberaden om met het terugvinden van ddd tenminste één zinnige, helpende, blijvende, onwillekeurige en in alle betekenissen van het woord *goede* daad te verrichten, waar niets of niemand ooit afbreuk aan zou kunnen doen.

Vandaag, even buiten de agglomeratie van Rotterdam, na een paar reutelende hikbewegingen, valt mijn auto stil. Ik kan het voertuig nog net aan de kant manoeuvreren en zie dan dat de benzinetank helemaal leeg is. Voor mij, door de autoruit, zie ik de donkere, door sparren en dennen afgeboorde toegang van wat een bos zou kunnen zijn. Na verloop van tijd, zonder dat er zich bevredigende oplossingen of plannen aanbieden, komt er een man dichterbij, met een hond aan de leiband. Hij blijft staan voor de poort die door de bomen wordt gevormd en maakt dan de leiband los. De hond kijkt nog één keer om naar zijn baasje en rent dan snel het pad op, de duisternis tegemoet. Op het punt waar het dier, naar ik vermoed, volstrekt alleen is tussen het dichte groen, blaft het. Twee, drie keer kort na elkaar.

Christophe Van Gerrewey

148

Epilogue

This book arose out of a commission that Witte de With, Center for Contemporary Art, extended to Bas Princen: to develop a photographic concept for the invitations and brochures that would be published in the 2006 – 2007 season. As his underlying ambition was to redefine the old notion of the 'non-place', the project tied in seamlessly with Witte de With's own research into the art center's specific role and significance for the city of Rotterdam. Princen created a photographic series presenting a perspective of Rotterdam to which we may not be accustomed, focusing on places and locations that – though they form part of our daily surroundings – have no place in our collective memory. This anonymous aspect was enhanced by means of their publication without reference to the photographer or the location where the photos were shot.

Also setting the photos apart was the use of mat prints, which contrast with the glossy text pages of Witte de With's regular program information. Princen's visionary photographic series challenges the audience to view from a new angle the relationship between Rotterdam (what it is now and what it could be) and Witte de With, which is based in the old center of the city, but also to reconsider their own relationship with their surrounding environment.

Yet, the context for this commission was not exclusively self-reflexive in nature. Witte de With selected Bas Princen with the specific objective of familiarizing its audience with an artistic practice that distinguishes itself on several accounts: its ability to render visible the urban texture; its questioning of what constitutes representation and its

Epiloog

Dit boek is tot stand gekomen naar aanleiding van een opdracht van Witte de With, Center for Contemporary Art, aan Bas Princen. Bas Princen werd uitgenodigd om speciaal voor de uitnodigingskaarten en seizoensbrochures in 2006 en 2007 een fotografisch concept te ontwikkelen, dat het achterhaalde idee van de 'non-place' ter discussie zou stellen. De opdracht sloot daarmee naadloos aan bij het op de kaart zetten van het 'merk' Witte de With in de stad en daarbuiten. Princen ontwikkelde een fotoserie die een ander beeld van Rotterdam laat zien dan we gewend zijn, van plekken en locaties die weliswaar onderdeel uitmaken van onze dagelijkse omgeving, maar nog geen deel zijn van het collectieve geheugen. Dit idee werd versterkt door de anonieme publicatie van de foto's, zonder verwijzing naar de fotograaf of de plaats waar de foto werd genomen.

Ook werden ze ongebruikelijk mat afgedrukt, in contrast met de glossy tekstzijden met informatie over Witte de Withs programma. De visionaire fotoserie daagde het publiek uit om de relatie tussen Rotterdam, wat het zou *kunnen* zijn en worden, en Witte de With, dat is gelegen in het oude stadscentrum, op een nieuwe manier te bekijken en om de eigen relatie met de directe omgeving opnieuw te bezien.

De context van de vraag aan Bas Princen was niet alleen zelfreflectief van aard. Met de keuze voor Princen wilde Witte de With het publiek kennis laten maken met een artistieke praktijk die zich kenmerkt door de formele manier waarop de stedelijke textuur in beeld wordt gebracht en de intelligente wijze waarop inhoudelijke vragen rondom representatie en het gebruik van het medium fotografie worden opgeworpen.

154

interrogation of photography as a medium. These features of Bas Princen's work have enabled him to grasp certain intangible shifts that are being enacted in public and private space. His photographs present peripheral areas, the outer edges of Rotterdam; places we traverse on a daily basis without paying any attention to them. At the same time, they are a 'mediation' on images and how they are constructed. They are about looking, about experiences that shape how we look; functioning as triggers, they become points of reference and even points of departure.

The photographs capture both temporary and more permanent interventions in urban reality, which are at once prosaic and poetic, and can simultaneously be regarded as a realistic and documentary form of expression. To explore the dialectics between image and text more elaborately,

Bas Princen invited Christophe Van Gerrewey to create a text that acts in parallel to his photographic series, which has been expanded to a total of 44 pictures for the publication. In the resulting narrative, Peripheral pilgrimages, Rotterdam is presented as a symptomatic and emblematic contemporary city. The photographs and text concretize an image of an urban space with the semblance of Rotterdam, an aggregate of precise emotions, experiences and situations.

This book is the culmination of Bas Princen's commission. In its final form, it has become a joint portrayal of a personal, fictional search for Rotterdam – one that not only attempts to document the 'here and now' but also, quite emphatically, envisions the future. This became the basis for a creative dialogue whereby, in collaboration with the graphic designers Kummer & Herrman, the book received its present unique form.

De foto's van Bas Princen tonen de perifere gebieden, de randen van de stad Rotterdam. Tegelijkertijd 'berichten' ze over beelden en hoe deze worden geconstrueerd. Ze gaan over kijken en over ervaringen die ten grondslag liggen aan het kijken zelf en fungeren zo als triggers, als verwijzingen en zelfs als aanwijzingen. In Princens beeldtaal worden deze Rotterdamse plekken op zichzelfstaande ideeën en vormen. Ongrijpbare veranderingen die zich voordoen in de openbare en private ruimte brengt hij in beeld en hij legt zowel tijdelijke als meer definitieve interventies in de stedelijke realiteit vast, die tegelijkertijd prozaïsch en poëtisch zijn, en als realistisch en documentair kunnen worden opgevat.

Om de dialectiek tussen beeld en tekst verder uit te werken nodigde Bas Princen Christophe Van Gerrewey uit om een tekstbijdrage te schrijven, direct gebaseerd op zijn fotoserie die voor de gelegenheid werd uitgebreid tot een totaal van 44 foto's. In het hieruit resulterende "Perifere pelgrimages" wordt Rotterdam opgevoerd als een symptomatische en eigentijdse stad. De foto's en de tekst vormen samen een beeld van een stad die op Rotterdam *lijkt*; een boek waarin Rotterdam wordt beleefd en ingericht op basis van visuele emoties, ervaringen en situaties.

Dit boek vormt de afsluiting van de opdracht aan Bas Princen. Het is een weergave van een persoonlijke, fictionele zoektocht door de stad Rotterdam van een fotograaf en een schrijver, die niet alleen het 'hier en nu' proberen te vangen maar die vooral een blik op de toekomst richten. De dialoog tussen Bas Princen en Christophe Van Gerrewey heeft er toe geleid dat dit bijzondere boek de vorm kreeg die het nu heeft, mede dankzij het grafisch ontwerp van Kummer & Herrman.

Witte de With and Rotterdam 2007 City of Architecture collaborated in the preparation of this book and would like to thank, in addition to their two teams, the Erasmus Foundation, the Fonds BKVB, and the Stichting Bevordering van Volkskracht. Their financial contributions were fundamental towards the realization of this unique project.

Renske Janssen and Nicolaus Schafhausen

Witte de With en Rotterdam
2007 City of Architecture hebben de handen ineengeslagen
om dit boek gezamenlijk te
produceren en danken naast
onze beide teams, de Erasmusstichting, het Fonds BKVB en
de Stichting Bevordering van
Volkskracht. Zonder hun
financiële bijdrage was dit bijzondere project niet mogelijk
geweest.

Renske Janssen en Nicolaus
Schafhausen

Biographies

Bas Princen (1975, NL) studied at the Design Academy in Eindhoven and the Berlage Institute in Rotterdam. As a designer, he adopted an unusual approach: his comprehensive study of public spaces, city construction and architecture took the form of photography. He is currently working on a series of photos entitled *Utopian debris* in (among others) Albania, Serbia, Russia, China, the United States and Morocco. His works have been published in several European architectural magazines and has been shown in several exhibitions in the Netherlands and abroad. In 2004, he published his book *Artificial Arcadia*. In the same year, he received the Charlotte Köhler price for promising young artists and architects. Together with Milica Topalovic, in 2006 he was nominated for the shortlist of the Prix de Rome Architecture.

Christophe Van Gerrewey (1982, B) studied architecture at the University of Ghent and literature at the University of Leuven. He has published both fiction and non-fiction in illustrated magazines such as *DWB, Janus, Ons Erfdeel, De Witte Raaf, OASE* and *De Architect*. His recent books include: *Reality without restraint. Bathtime in the Villa dall'Ava* (2005), *Moderne Tijden* (2007) and *Ruskin. Een reisverhaal bij het werk van Office Kersten Geers David Van Severen* (2007).
In 2000, he received the essay prize of the *Filosofie Magazine* and in 2003 the Inter-University Literary Prize of the University of Leuven. He works as a researcher and teacher at the Department of Architecture and Urban Development at the University Ghent and the Karel de Grote College in Antwerp.

Biografieën

Bas Princen (1975, NL) studeerde aan de Design Academie in Eindhoven en het Berlage Instituut in Rotterdam. Als ontwerper koos hij voor een ongewone weg: zijn veelomvattende onderzoek naar openbare ruimten, stedenbouw en architectuur krijgt vorm in foto's. Hij werkt momenteel aan een fotoserie getiteld *Utopian* debris in o.a. Albanië, Servië, Rusland, China, Verenigde Staten en Marokko. Zijn werk is gepubliceerd in verschillende Europese architectuurtijdschriften en te zien geweest in diverse tentoonstellingen in binnen- en buitenland. In 2004 publiceerde hij zijn boek *Artificial Arcadia*. In hetzelfde jaar ontving hij de Charlotte Köhler Prijs voor veelbelovende jonge kunstenaars en architecten. Samen met Milica Topalovic is hij in 2006 genomineerd voor de shortlist van de Prix de Rome Architectuur.

Christophe Van Gerrewey (1982, B) studeerde architectuur aan de Universiteit van Gent en literatuurwetenschappen aan de Universiteit van Leuven. Hij publiceerde fictie en non-fictie in tijdschriften als *DWB, Janus, Ons Erfdeel, De Witte Raaf, OASE* en *De Architect*. Recente boeken van zijn hand zijn onder meer *Reality without restraint. Bathtime in the Villa dall'Ava* (2005), *Moderne Tijden* (2007) en *Ruskin. Een reisverhaal bij het werk van Office Kersten Geers David Van Severen* (2007).
Van Gerrewey werd onder meer onderscheiden met de essayprijs van *Filosofie Magazine* (2000) en met de Inter-Universitaire Literaire Prijs van de Universiteit Leuven (2003). Hij is als onderzoeker en docent verbonden aan de Vakgroep Architectuur & Stedenbouw van de Universiteit Gent en aan de Karel de Grote Hogeschool in Antwerpen.

160

Colophon

This publication is part of a collaborative project between Witte de With and Bas Princen in 2006 and 2007.

Editors:
Renske Janssen, Nicolaus Schafhausen

Editing and production:
Renske Janssen, Arthur Herrman, Bas Princen and Ariadne Urlus

Graphic design:
Kummer & Herrman, Utrecht

Translation:
Metamorfose Vertalingen, Utrecht

English proofreading:
Renske Janssen, Monika Szewczyk

Printing:
Drukkerij Rosbeek, Nuth

Binding:
Van Waarden, Zaandam

Publisher:
Renske Janssen and Nicolaus Schafhausen for Witte de With, Center for Contemporary Art, Rotterdam

© the artist, authors and Witte de With, Rotterdam 2007

With special thanks to:
Pieter Kuster, Yolanda Ezendam, Zoë Gray, Nathalie Hartjes, Fonds BKVB, Stichting Bevordering van Volkskracht, Erasmus Foundation Rotterdam and Rotterdam 2007 City of Architecture

Colofon

Deze publicatie verschijnt
naar aanleiding van de samen-
werking met Witte de With en
Bas Princen in 2006 en 2007.

Eindredactie:
Renske Janssen, Nicolaus
Schafhausen

Redactie en productie:
Renske Janssen, Arthur
Herrman, Bas Princen en
Ariadne Urlus

Grafisch ontwerp:
Kummer en Herrman, Utrecht

Vertaling:
Metamorfose vertalingen,
Utrecht

Tekstredactie Engels:
Renske Janssen,
Monika Szewczyk

Drukwerk:
Drukkerij Rosbeek, Nuth

Bindwerk:
Van Waarden, Zaandam

Uitgever:
Renske Janssen en Nicolaus
Schafhausen, Witte de With,
Center for Contemporary art,
Rotterdam

Met speciale dank aan:
Pieter Kuster, Yolanda Ezendam,
Zoë Gray, Nathalie Hartjes,
Fonds BKVB, Stichting
Bevordering van Volkskracht,
Erasmusstichting Rotterdam
en Rotterdam 2007 City of
Architecture

Staff

Director:
Nicolaus Schafhausen

Deputy director:
Paul van Gennip

Curators:
Renske Janssen,
Florian Waldvogel

Assistant curators:
Zoë Gray, Sophie von Olfers

Education:
Belinda Hak

Internet and text editor:
Ariadne Urlus

Communication:
Zoë Gray, Nathalie Hartjes

Publications:
Monika Szewczyk

Secretaries:
Angelique Barendregt,
Gerda Brust

Technicians:
Gé Beckman, Line Kramer

Reception desk:
Erwin Nederhoff, Erik Visser,
Mariëlle Wichards

Interns:
Karin Schipper, Lieke Terlouw

Exhibition installation:
Ties Ten Bosch, Carlo van
Driel, Olivier Maarschalk,
Chris van Mulligen, Hans Tutert

Witte de With:
Center for Contemporary Art
Witte de Withstraat 50
3012 BR Rotterdam
The Netherlands
T+31(0)104110144
F+31(0)104117924
info@wdw.nl www.wdw.nl

———————

———————

Staf

Directeur:
Nicolaus Schafhausen

Adjunct-directeur:
Paul van Gennip

Curators:
Renske Janssen,
Florian Waldvogel

Assistent-curators:
Zoë Gray, Sophie von Olfers

Educatie:
Belinda Hak

Internet en tekstredactie:
Ariadne Urlus

Communicatie:
Zoë Gray, Nathalie Hartjes

Publicaties:
Monika Szewczyk

Secretariaat:
Angelique Barendregt,
Gerda Brust

Techniek:
Gé Beckman, Line Kramer

Balie:
Erwin Nederhoff, Erik Visser,
Mariëlle Wichards

Stagiaires:
Karin Schipper,
Lieke Terlouw

Installatie tentoonstellingen:
Ties Ten Bosch, Carlo van
Driel, Olivier Maarschalk, Chris
van Mulligen, Hans Tutert

Witte de With:
Center for Contemporary Art
Witte de Withstraat 50
3012 BR Rotterdam
T+31(0)104110144
F+31(0)104117924
info@wdw.nl www.wdw.nl

164